꿈꾸는 자는
흔들리지 않는다

꿈꾸는 자는 흔들리지 않는다

초판 1쇄 발행 2023년 3월 1일

지은이 윤국진
펴낸곳 드림위드에스
출판등록 제2021-000017호

교정 김성은
편집 김성은
검수 김성은
마케팅 위드에스마케팅

주소 서울특별시 강남구 학동로 165, 2층 (신사동)
이메일 dreamwithessmarketing@gmail.com
홈페이지 www.bookpublishingwithess.com

ISBN 979-11-92338-37-8(03810)
값 20,000원

- 이 책의 판권은 지은이와 드림위드에스에 있습니다.
- 이 책 내용의 전부 또는 일부를 재사용하려면 반드시 지은이의 서면 동의를 받아야 합니다.
- 잘못된 책은 구입하신 곳에서 바꾸어 드립니다.

꿈꾸는 자는
흔들리지 않는다

윤국진 지음

자신의 꿈을 향해 가는
올바른 삶의 자세에 대한
깊은 고뇌의 시간

드림위드에스

목차

Prologue: ··· 6

Part 1. 가능한 것만 꿈꾸지 않는다

1. 흙수저도 없던 13살 소년   10
2. 짧았던 부자의 인연, 아버지   15
3. 매서웠던 인천의 바람   18
4. 잃을 것 없는 인생은 시작되었다   22
5. 그럼에도 불구하고 꿈은 있다   26
6. 배움의 문을 열어라   29

Part 2. 바꿀수 있는 것에 대한 용기

1. 청룡상회가 현대 의류 백화점이 되기까지   32
2. 또 다른 나를 위해 설립한 학교   38
3. 16497명의 학생의 꿈을 담다   46
4. 인생의 모든 순간이 배움이다   57
5. 가장 올바른 삶의 자세   63

Part 3. 상황은 바뀌지 않지만, 시각은 바꿀 수 있다

1. 영양실조도 막을 수 없는 배움의 열정   68
2. 진실의 민낯을 마주하고 불굴의 의지는 품는다   73
3. 소중한 것 한 가지를 지킬 수 있는 용기   79
4. 실패해야 성공이 있다   83
5. 가장 나다운 나의 모습   86
6. 모든 경험은 미래를 향한 발판   93
7. 매일 상상하는 내 인생의 하이라이트   96

Epilogue:
아직 남아 있는 꿈의 조각   98

부록   101

Prologue:

　오늘날 대부분의 사람들이 자신의 꿈을 향한 올바른 삶의 자세에 대해 깊은 고뇌의 시간을 보내고 있다.

　각자의 사연을 지니고 꿈을 향해 나아가는 모습은 한 교육 기관의 설립자로서 나의 과거 모습을 비추어 보여 주는 듯하였다.

　때문에, 고난과 시련 속에서 나아가는 사람들에게 힘과 용기를 주고자 책을 쓰게 되었다. 포기하지 않고 도전하는 삶이야 말로 심장이 쉼 없이 뛴다는 증거라고 믿고 있다.

　세상에는 밝은 빛을 원하지만 어쩔 수 없이 어두운 곳에서 숨죽여 사는 사람들이 많이 존재하고 있다. 그들에게 희망과 용기의 씨앗을 심어 주는 것이 교육자로서 내 평생의 과제라고 생각한다. 지난날 처절한 심정을 몸소 체험한 본인이 그 누구보다 그들의 심정을 잘 이해할 수 있을 터이니 말이다.

이 책을 통해서 한 명의 교육자로서 그들에게 어떠한 일에도 좌절하지 말고 오직 희망이라는 두 글자만 손에 쉬고 달려 나간다면 언젠가는 성공이라는 결승점에 도달할 것이라고 꼭 말해주고 싶다.

Part 1.
가능한 것만 꿈꾸지 않는다

1. 흙수저도 없던 13살 소년

1945년 매서운 바람이 불던 충청북도 정가운데 위치한 괴산군 사리면에서도 가장 산촌에 위치한 마을인 소매리 매바우에서 태어난 나는 지극히 촌사람으로 자라 왔다.

괴산은 충청북도 정가운데에, 그중 소매리는 백마산 능선에 위치하였다. 본래 괴산군은 사면의 지역인데 1914년 행정 구역 폐합(廢合)에 따라 둔기리(屯基), 남경리(南亭), 응암리(鷹岩), 사역리(沙場) 일부(一部)를 병합(倂合)한 뒤, 소매산의 이름을 따서 소매리(笑梅里)라 하였다. 그 뒤 사리면에 편입(編入)되었으며 행정 마을 둔기(屯基), 대기(大基), 응암(鷹岩)으로 분할 관리하고 있다. 새 잡는 매가 많다고 하여 소매리라고 부르기 시작하였으며, 과거 산위의 백마산성은 자연 지형을 이용하여 외성과 내성을 쌓은 석성으로 고구려에서 조선 시대에 걸쳐 외적의 침입을 막는 요새로 쓰인 적이 있는 곳이다.

정말이지, 고향이 아니라면 누구도 찾아올 것 같지 않은, 아니 이 마을의 존재 자체도 모를 것 같은 마을에도 사람이 몰려들었던 때가 있었다.

바로 민족상잔의 비극으로 온 국토가 아수라장이 되었을 때의 일이다. 서울, 인천 등 북쪽에서 남쪽으로 끝없는 피난민 줄이 이었고, 이들은 조그마한 인연이라도 있으면 그마저도 모두가 친척이었고, 집안이었다. 당시에는 그야말로 '설마 이런 곳에 마을 있겠어.'라고 생각되는 두메산골이 최고 피난처요, 은신처였다.

바로 우리 동네가 그런 곳이었다.

이곳은 원래 해평 윤씨 1대손 시제를 모신 곳이기도 하다. 이 씨족 마을을 당시 사람들이 찾아오려면 그 얼마나 힘들었겠는가? 눈을 떠도 산이요, 눈을 감아도 산이오, 길을 걸어도 산이요, 오로지 보이는 것은 산과 하늘뿐이었다. 그래도 그렇게 기를 쓰고 이곳을 찾을 수밖에 없었던 이유가 있었다. 그것은 바로 서울, 인천으로 퍼져 나간 해평 윤씨들만이 이곳 매바위를 알았기 때문이다.

특히 우리 집은 넓고 논과 밭이 있어 서울, 인천에서 피난 오신 많은 분들을 머물게 하였다. 그중 일섭 아저씨는 인천에서 눈깔사탕 공장을 하다 피난을 오셨다며 나에게 주먹만 한 사탕을 주셨는데 한나절은 빨아먹었던 기억이 난다. 그 당시 우리 마을에는 70여 가구가 살았는데 피난민들이 몰려오자 70여 가구 전부가 새우잠을 자면서 함께 고통을 나누었다.

그야말로 하나의 읍내를 이룬 것이다.

우리 동네만은 전쟁도 피해 갈 것이라고 어른들은 항상 우리를 안심시켰다. 그러나 당시 전쟁이 얼마나 무서운 것인지 생각하지 못한 나는 저녁이 되면 항상 이쪽저쪽을 뛰어다니다가 어른들께 혼이 났던 기억이 난다. 그러다가도 밤이 되면 상당히 무서운 생각이 들었다. 총소리와 대포 소리 때문에 숨조차 크게 못 쉬었고, 이 때문에 어른들은 연일 밤을 새우는 일이 잦아졌다.

어렸을 적, 충격적인 장면을 목격하게 되었는데, 어떠한 연유인지는 몰랐으나 사람이 죽었는데도 아무렇지도 않게 아무 곳에나 묻는 것을 보았기 때문이다.

그리고 그렇게 묻힌 사람을 개가 발로 후벼 내어 물어뜯는 것을 목격하기도 했는데 참으로 끔찍한 광경이었다.
가끔은 순사가 커다란 총을 메고 와 개를 쏘아 죽이기도 했는데 그 장면도 참으로 잊히지가 않는다. 순사는 개들이 송장을 파먹기 때문에 죽이는 것이라 말했지만 사실 나는 그 순사가 더 무서웠다.

순사만 오면 마을 사람들이 벌벌 떨며 인사를 하였으며, 시키면 죽는 시늉까지 하며 어른들을 가지고 노니 어린아이의 눈으로는 순사가 가장 높고 힘이 센 것만 같았다. 그리고 어떤 순사는 칼을 차고 오는 사람도 있었는데 우리 집 안방, 윗방 사랑채에 사람들을 모아 야단치기 일쑤였다.

나는 궁금함에 어머니께 물어보니 순사 중에 가장 높은 사람인데 그 사람이 시키는 대로 하지 않으면 잡혀간다고 하셨다.

이러한 일제 시대의 시간은 빠르게 흘러 해방이 되었지만, 이후 발생한 어린 시절 씨족 마을 동족상잔의 비극인 6.25 전쟁으로 인해 아버지를 여의고 어머니마저 병석에 누우시면서 집안의 경제적 가세는 급격하게 기울기 시작하였다. 때문에, 열두 살이 되던 해에 누이와 굶주림에 배를 움켜쥐고 여기저기 수십 리를 헤매며 구걸도 하고 때론 허기로 인해 쓰러져 생사를 넘나들기도 하였다. 심지어 이 산 저 산을 헤매며 솔방울을 따다 팔아 만든 보리죽으로 목숨을 연명해야 했다.

그러나 이러한 불우한 상황 속에서 가장 마음이 쓰라리도록 아팠던 것은 배고픔으로 들러붙은 몸이 아닌 배울 수 없다는 고통이었다.

나는 오로지 배우겠다는 일념하에 동네 어르신들께 차비를 빌려 혈혈단신 서울행 기차에 몸을 실었으니 그때 나이가 겨우 열세 살이었다.

2. 짧았던 부자의 인연, 아버지

서울행 기차에 몸을 실으면서 가장 많이 생각났던 사람은 해방의 기쁨이 채 가시기도 전에 돌아가신 아버지였다.

아버지,
지금도 아버지란 이름을 들으면 눈물이 난다.

부끄럽다.
이 나이에도 아버지가 잊히지 않아 눈물이 흐른다는 것이. 아마도 아버지께 받은 은혜에 조금의 보답도 해 드리지 못하고 비참하게 아버지를 떠나보내서인가 보다.

나는 4남매 중에 막내로 첫째가 누나이고, 둘째는 형, 셋째가 다시 누나이다. 첫째 누나는 일제강점기 때 위안부에 끌려가지 않기 위해 일찍 시집을 가셨다. 셋째 누나와 나는 십 년 터울이 나며, 아버지는 불혹이 넘어서야 나를 보셨기 때문에 정말로 옥이야 금이야 하며 나를 사랑해 주셨다. 아버지는 나를 밤낮없이 안고 목마 태워 동네를 돌아다니시고, 밤이면 내가 잠이 들 때까지 옛날이야기를 해 주시는 등 참으로 지극정성을 다하셨다.

그랬던 아버지가 6.25가 터진 해에 시름시름 앓기 시작하였다. 전쟁 통이라 쉽게 다닐 수도 없었고, 여기저기 공비가 출현하여 사람들을 잡아가고 조금이라도 반항하면 그 자리에서 죽이곤 한다는 소문이 나돌아 동네 밖을 마음대로 다닐 수도 없었다.

그러니 병을 치료한다는 것은 생각지도 못하고 그저 나아지기만 기다리며 이 사람이 이 말을 하면 이 약을, 저 사람이 저 말을 하면 저 약을 썼다.

표현이 좋아 약이지 그저 풀을 뜯어다가 삶아 그 물을 마시는 정도였다.

지금 생각해 보면 참으로 원시적인 방법이 아닐 수 없다.

특히 기억에 남는 것은 쑥과에 속하는 익모초라는 풀이 있는데 쑥보다는 조금 더 큰 풀로 기억된다. 이것을 뜯어다 말려서 솥에 물을 붓고 소죽 쑤듯이 한참을 끓이면 새까맣게 되는데 그것을 건져 내고 또, 한참을 끓여 그 물을 마시면 체증이 낫고 감기도 낫는다고들 하여 큰 누님이 아버지께 끓여 드렸던 기억이 난다. 사람들은 음식을 먹다가 체하면 소금을 한 숟갈 먹는다든지, 소다라는 것을 한 숟갈씩 먹는 것이 치료의 전부였으니 무엇을 더 바라겠는가?

 물론 서울이라든지, 대도시에는 약방과 병원이었겠지만, 50년대 초 그 시골 마을의 삶을 정말로 살아 본 사람이 아니라면 상상조차 할 수 없는 그런 삶이었다.

 그렇게 여러 가지 원시적인 방법을 모두 다 동원하여 보았으나 아버지께서는 끝내 40대 중반의 젊은 나이로 세상을 떠나셨다. 정말 고생만 하시다가 가셨다. 고인이 되신 후에도 낮에 흙으로 가시지를 못했다. 상여를 메고 장례를 치르다가는 여기저기 날아다니는 비행기에서 총탄이 비 오듯 떨어질 것이 당연하지 않겠는가?

 결국 아버지는 마지막 가시는 길까지 밤에 그것도 아주 어두컴컴한 밤에 가실 수밖에 없었다. 그것도 어른들이 상여를 지고 여러 차례 들락날락하기를 몇 번 반복하다가 겨우 가실 수 있었다.

 대여섯 살 먹은 우리들은 아예 밖으로 나오지도 못하게 하여 나는 아버지의 마지막 길도 함께할 수 없었다. 참으로 불쌍하고 가련한 삶이셨다.

3. 매서웠던 인천의 바람

 아버지 생각도 잠시 나는 걸음을 서둘러 익생 아저씨네로 집으로 가 대문을 두드렸다. 나의 바람과는 달리 큰 아주머니께서 대문을 열어 주셨다. 하지만 같이 인천에서 올라가기로 했던 익생 아저씨는 이미 올라가 버린 후였다.

 눈앞이 깜깜했고, 어이가 없었다. 인천에만 가면 취직도 시켜 주고 공부하는 곳도 가르쳐 준다며 큰소리를 탕탕 치지 않았는가? 나에게 인천으로 가자고 먼저 말하며 그렇게 굳은 맹세를 하더니 사람이 어떻게 이럴 수가 있을까? 별의별 생각이 다 들었다.

 그리고 오기가 생겼다.

 '그래, 내가 혼자 못 갈까 봐. 나도 이제 대여섯 살 먹은 코흘리개가 아니란 말이다.'

 마음을 독하게 먹은 나는 그 길로 도안역으로 향했다. 도안역까지는 컴컴한 산길을 넘어가야 하는데 오래간만에 혼자 산길을 걸으려니 여간 무서운 것이 아니었다. 다만, 주워들었던 여러 가지 망령들의 이야기가 생각나 머리가 쭈뼛쭈뼛 서고 소름이 끼쳤다. 빠르게 지나가려고 뛰었더니 이번에는 작은 누님이 떠올랐다. '예전에 누님과 이 길을 다닐 때는 이렇게 무서운 생각이 들지 않았는데' 하며 누님 생각을 하니 마음이 차분해졌다.

동이 틀 무렵 도안역에 도착한 나는 서둘러 인천 가는 표를 달라고 하였다. 그러나 야속하게도 내가 낸 돈 150환으로는 영등포역까지 밖에 못 간다고 하였다. 얼마를 더 내야 인천으로 갈 수 있다고 하였으나 당시 나는 그 말을 못 알아듣고 그냥 돈에 맞춰 영등포역 표를 달라고 하였다. 표를 파는 사람은 내가 아직 어려 보여 걱정이 되었는지 여러 가지 이야기를 해 주셨다.

"서울에 가려면 일단 조치원에서 내려야 한다."

"조치원에 내려서 서울 가는 기차를 타야 해."

기차를 처음 마주한 순간 난 그 크기에 깜짝 놀랐다. 내가 기차를 본 것은 가끔 백마산에 올라가 내려다본 것이 전부였다. 흰 연기를 내뿜으며 청주에서 충주 쪽으로 달리는 모양이 마치 성냥갑 대여섯 개를 늘어뜨린 것 같았는데 이렇게 컸다니 참으로 신기하고 놀라웠다.

게다가 빠르기는 왜 이렇게 빠른 것인가? 방금 탔다고 생각했는데 어느새 증평이라고 하고 또 얼마 가지 않아 내수 또 금방 청주라는 것이라. 내가 하루 걸려 걸었던 길들은 모두 1시간 만에 기차가 도착하는 것이다. 기가 찰 정도로 빨랐다.

처음 기차를 타면 익생 아저씨부터 찾겠다고 마음먹었으나 나는 기차에 기가 질리고 신기하여 그런 생각은 까마득하게 잊고 있었다.

얼마나 달렸을까? 어느새 기차는 조치원에 도착해 있었으며, 잠시 후 곧바로 서울역까지 가는 기차를 탔다.
혼자 이런저런 생각에 잠겨 있던 나는 영등포역에서의 안내 방송을 못 듣고 옆에 있는 아주머니에게 다시 한번 종착지를 여쭈어 보았다.

"아주머니 이거 서울 가는 기차 맞지유?"

서울로 가려면 '서울 → 인천'이라고 써진 열차를 가르쳐 주면서 저 차를 타라기에 영등포역에서 얼른 갈아탔다.

앗! 아주머니가 잘못 알려 준 것이다. 서울이 아니라 인천행을 아는 척하고 잘못 알려 준 것이다. 익생 아저씨에게 인천으로 데려가 달라고 했으니 잘 되었다라고 다짐을 했다.

서울로 간다고 한들 무슨 뾰족한 방법이 있었던 것도 아니지 않은가?

생각을 바꾼 나는 동인천이라는 안내 방송을 듣고 바로 기차에서 내렸다.

산 넘어 산이라더니 긍정적인 생각으로 내리자마자 바로 검표원 아저씨께 붙잡혔다. 돈이 모자라 영등포행 기차표를 들고 인천까지 왔으니 안 붙잡히면 이상한 일이었다. 처음에는 화를 내던 아저씨가 어린 내가 안쓰러워 보였는지 나를 데리고 동인천역 2층으로 올라갔다. 나는 여기까지 온 경위를 설명하고 양해를 구하자 자신의 도시락을 주시며 이런저런 이야기를 나누어 밤이 저물었다.

4. 잃을 것 없는 인생은 시작되었다

불행 중 다행이게도 검표원 아저씨는 전쟁 통에서 우리 집에 피난살이를 함께했던 분이셨고, 새벽에 일어나자마자 검표원 아저씨께서 역에서 조금만 가면 과자 도매상이 세 곳 정도 있으니 그쪽에서 가서 일섭 아저씨에 대해 여쭈어보면 금방 알 수 있을 것이라고 말씀하셨다.

나는 정중하게 인사를 드리고 서둘러 과자 도매상 집을 찾으러 갔다. 그곳이 지금의 인현동이다. 나는 과자 도매상 주인에게 과자 공장을 하시는 윤일섭씨라는 분을 아시냐고 여쭤보며 먼 친척지간이라고 말씀을 드렸다. 고맙게도 첫 번째 찾아간 도매상 주인은 잘 아신다며, 조금 후에 윤사장 아들이 여기로 과자를 싣고 올 터이니 잠시 머물고 있으라고 하였다.

놀랍게도 일각이 흐르기 전, 자전거에 과자를 잔뜩 싣고 오신 분이 계셨는데 일섭 아저씨의 아들이라는 분이었다. 그분께서 도매상 주인과 이야기를 하더니 나에게 자신의 아버지를 아느냐며 여쭈었다.

전쟁 통에 우리 집에 피난을 왔었던 일화를 이야기한 후에 일섭 아저씨 아드님의 자전거 뒤에 타게 되었다. 사거리를 지나 언덕길을 넘어 어느 골목으로 가시더니 나를 내려 주었다.

아저씨와 함께 집으로 들어가니 일섭 아저씨께서 마당에 나와 계셨다. 나와 눈을 마주친 일섭 아저씨는 나를 단번에 알아보셨고, 너무나 반가워하셨다.

나름대로 예의를 차려 인사를 올리자 아저씨는 어떻게 여기까지 오게 되었는지를 묻고 이를 굉장히 대견하게 여기셨다.

이후 아저씨께서 기술을 가르쳐 줄 테니 당신의 집에 머물자고 하셨고, 공장에 대한 업무를 본격적으로 들어가게 되었다.

인천의 과자 공장은 도시라 그런지 예전 괴산의 과자 공장과는 차원이 달랐다. 아이와 어른의 차이라고 할 정도로 규모가 크게 차이가 났다. 시골에서는 알사탕과 센베이, 국화과자 등이 전부였지만, 이곳에서는 약 십여 종의 과자를 만들고 있었다. 그렇기 때문에 밀가루 반죽부터 설탕의 배합, 불의 강도, 계란과 우유의 적정 비율 등 어느 하나 어긋남 없이 철저하였다.

나는 예전 괴산 공장에서 배운 기술의 경험이 존재하였지만,

새롭게 다시 시작한다는 마음으로 여러 가지 기술들을 배워 가면서 열심히 일했다. 굉장히 힘들고 고된 시간이었지만, 이제는 더 이상 물러날 곳이 없다고 생각하였기에 이를 악물고 버티어 냈다.

그렇게 일에 몰두하다 보니 어느새 가을이 가고 겨울이 왔다. 하지만 일은 아무리 해도 익숙해지지 않았다. 시간이 갈수록 더욱 힘이 들었으며, 과자 공장은 겨울이 최고의 성수기여서 잠도 제대로 자지 못하고 일만 계속하였다. 불 옆에서 과자를 굽고 정리하는 일은 할 만했으나, 반죽을 다 쓴 후 솥을 깨끗하게 닦는 일은 겨울이라 더욱 고되게 느껴졌다. 왜냐하면 화덕을 피우느라 손이 다 터져 있는 상태에서 차가운 물에 손을 담가야 했기 때문이었다.

눈물, 콧물에 연탄가스 냄새는 왜 이렇게 지독한지 머리가 빙빙 돌아 미칠 지경이었다. 특히 연탄불에 파란 불꽃이 날 때 가스가 어찌나 많이 나오는지 곤욕스럽기 짝이 없었다. 그러나 더 이상 물러설 곳이 없는 내가 일이 힘들다고 투정을 부릴 수는 없기에 이를 악물고 참았다. 공부도 열심히 하고 일도 열심히 하여 보란 듯이 성공하겠다고 수백 번을 다짐했다.

그러나 세상은 마음먹은 대로 되지 않았다. 과자 공장은 겨울이 성수기라면 여름은 비성수기였다. 더위가 찾아오면 모든 과자들이 눅눅해지고 녹아서 맛이 없어지기 때문이다. 게다가 철에 맞는 과일들이 나오면서 사람들의 입맛은 과일로 향해 있었다. 때문에 과자 공장은 여름 한 철 문을 닫거나 다른 일을 해야만 하는 것이었다. 하나둘씩 사람들이 일을 그만두면서 어린 나도 눈칫밥을 먹기 시작하였다.

일 년 사계절 중 여름을 제외한 나머지 계절에 장사가 잘 되어야 한 철을 버틸 수 있는데 내가 온 해에는 그렇지가 못해서 눈칫밥을 먹을 수밖에 없게 된 것이었다. 아저씨도 내색은 안하셨지만 그것이 더 미안하여 결국 또다시 다른 일자리를 찾기 위해 일섭 아저씨께 작별을 고했고, 그런 내가 안타까웠던 아저씨는 건너 건너 내게 다른 일자리를 소개해 주셨다.

이곳저곳을 떠돌며 변변한 일자리도 구할 수 없었던 그 시절 공부를 하겠다는 내 마음속 절실함이 없었다면 아마 난 좌절했을 것이다. 그렇다. 가난한 사람에게는 그 무엇인가 절실함이 필요하다. 그것이 무엇이 됐든 그 절실함이 가난을 헤쳐 나갈 수 있는 초석이 되고 원동력이 될 수 있으니까 말이다.

5. 그럼에도 불구하고 꿈은 있다

50년대 말에서 60년대 말까지는 인천에 유명한 도넛 가게가 두 군데 있었다.

바로 인천 도넛집과 율목 도넛집이다. 당시 항도백화점 뒤에 율목 도넛집이 위치해 있었고, 거기서부터 500여 미터 떨어진 인현동에 인천 도넛집이 자리를 잡고 있었다.

나는 과자 공장에서 나오면서 일섭 아저씨의 소개로 황을수(작고) 사장님이 운영하시던 율목 도넛 집에서 일을 하게 되었다.

인천 도넛이나 율목 도넛이나 학생들에게 인기가 굉장히 많았는데 당시 상당수 학생들이 단골로 드나들었다. 특히 인천 도넛은 오후가 되면 앉을 자리가 없고 남은 도넛도 없어 문을 닫을 정도였다.

도넛이라고 해야 지금처럼 세련되지 않았고 그저 밀가루 반죽에 계란을 넣어 하루 정도 삭인 후 모양을 내고 기름을 튀겨 설탕을 묻히는 것이 전부였다.

그런데 그 당시에는 그것이 어찌나 그리 맛이 있든지 나는 손님들이 먹다 남은 것이 있으면 눈치고 뭐고 내 입으로 쏘옥 넣어 꿀떡꿀떡 삼키며 일을 했다.

그러던 어느 날 대학생처럼 보이시는 분들이 가게에 들어오셨다. 내가 안쓰러워 보였는지 공부할 나이에 왜 여기서 이러고 있느냐며 충고를 하셨다. 나는 언제나 그랬듯이 돈 벌어서 하겠다고 답변을 하자 한 분이 말씀하였다.

"돈 벌어서 한다는 놈 치고 공부하는 놈을 못 봤다."

"서울 강의록이라도 사서 공부를 해. 모르는 것은 우리 오면 물어보고."

나는 머리를 세게 얻어맞은 듯한 충격을 받았다.

'서울 강의록 같은 것으로 공부를 할 수 있다니 이 얼마나 놀랍고 고마운 일일까?'

그렇게 나를 걱정하듯 비웃듯 말씀하시는 그분들이 내게 공부할 수 있는 발판을 마련해 준 셈이었다. 하지만, 돈이 없었기에 서울 강의록을 사는 것이 문제였다. 매일매일 만두 속에 들어갈 무를 잘게 써는 일과 밀가루 반죽한 것을 둥근 나무로 돌려가면서 납작하게 만드는 일을 하면서도 머릿속에서는 온통 어떻게 하면 서울 강의록을 살 수 있을까 하는 생각뿐이었다.

궁하면 통한다고 했던가?
계속해서 여러 학생 손님들과 이야기를 나누다 보니 어느 날 고학을 하고 있는 고학생을 만나게 되었다. 닥치는 대로 일을 해가면서도 공부의 끈을 놓지 않고 있다는 것이다. 그에게서 많은 정보를 얻을 수 있었던 나는 그를 따라서 그들이 공부하는 곳으로 가기로 마음먹었다.

맹자 어머니가 시장이 있는 곳으로 이사를 하니 맹자가 매일 장사하는 모습을 흉내 내고 서당 근처로 이사를 했더니 공부를 했다는 말처럼 주의 환경이 사람을 변하게 한다는 말이 틀린 말은 아닌가 보다.

만약 내가 도넛 집에 와서 이렇게 매일매일 학생들을 마주하지 않고 과자 공장에서 일을 계속하였다면 내 마음속 배움에 대한 꿈은 계속 먼지만 쌓였을 테니 말이다.

6. 배움의 문을 열어라

 큰 시련 없는 삶이 무슨 의미가 있으랴 하지만 열세 살의 어린 시골 소년에게 낯선 인천 땅에서의 생활은 견디기 어려운 시련과 고통의 연속이었다. 하지만 여기서 주저앉게 된다면 삶을 나아갈 힘을 잃을 것이다. 목숨이 끊어질 수 있는 위기를 여러 차례 넘겼으나 가슴에 아로새긴 배우겠다는 열망이 그를 악착같이 버티게 해 주었다.

 그 열망 하나로 낮에는 구두 통을 메고 인현동, 전동, 내경동을 헤매면서 구두를 닦았고, 밤에는 쇼빵장수, 새벽에는 우유와 신문을 돌리면서 몸이 부서져라 일했다.

Part 2.
바꿀 수 있는 것에 대한 용기

1. 청룡상회가 현대 의류 백화점이 되기까지

결혼 후, 나는 아내에게 제일 먼저 내 미래에 대한 포부를 밝히며 다니던 직장을 그만두겠다고 말했다.

당시 내 목표는 한결 같았다.
정당하게 돈을 벌어 나처럼 학교에 다니지 못하는 불우 청소년들을 가르치는 학교를 세우고 불우한 이웃을 돌보겠다는 것.

그것이 내 인생 최대의 목표였다. 그러나 회사에서 받는 월급으로는 한 푼도 쓰지 않고 모아도 목표를 이루는데 한계가 있었다. 아내는 이미 내 목표에 대해 어느 정도는 알고 있었다. 군대에서 주고받은 편지를 통해 그리고 결혼 전에도 여러 번 이야기한 적이 있기 때문이다.

당신 같이 부지런한 사람이라면 분명 목표를 이룰 것이라는 말과 무조건 뜻을 따르겠다는 신념을 지니고 있는 아내는 항시 내 의견을 존중해 주고 응원해 주는 정말로 고마운 사람이다. 아내는 나와 함께 목표를 이루기 위해 시청에서의 일을 과감히 그만두었다.

우리는 결혼 전에 모은 오십만 원을 밑천으로 중구에 위치한 신포시장에서 가게를 빌리고 이름을 청룡상회라고 지었다.

청룡상회라는 이름은 당시 월남으로 파병을 간 청룡부대가 계속해서 전투에서 승리를 한다는 소식을 듣고 나는 승승장구하겠다는 생각에 청룡상회라는 이름을 짓게 된 것이다.

품목은 아내와의 많은 논의 끝에 메리야스를 팔기로 했다. 당시 신포시장에서 메리야스 장사를 한다고 하니 모두들 코웃음을 치며 백화점에서나 파는 비싼 메리야스를 누가 사가겠느냐고 비웃었다. 그러나 내복이라는 것이 보온성이 얼마나 좋은가? 난방시설이 제대로 갖춰지지 않은 시대이니 아내와 나는 충분히 승산이 있다고 판단했다.

나는 코오롱그룹에서 처음 나오는 메리야스인 88나이롱을 구로동에서 가져다가 팔기 시작하였다. 백화점과 차이가 없으면서 값은 좀 더 싸니 구입한 사람들의 입소문을 타 기대 이상으로 장사가 잘 되었다.

지금은 내복이라는 것이 개그의 아이템으로도 사용되지만 당시에는 보온 효과 때문에 선풍적인 인기가 있었다. 특히 빨간 내복이 최고의 유행이었다. 오죽하면 자식들이 첫 월급으로 부모님께 빨간 내복을 사 드리면 무병장수한다는 속설까지 생겼겠는가? 그것은 믿고 싶은 속설일 뿐이고, 사실은 당시 염색 기술의 한계로 다양하고 이쁜 색을 내기가 힘들었다. 게다가 붉은색 염료는 아주 흔한 편이어서 대량 생산이 가능했기 때문에 빨간 내복이 많았던 것이다.

당시 아내와 나는 라면과 국수로만 끼니를 해결하고 남보다 일찍 일어나 가게 문을 열었다. 그리고 가장 늦게 문을 닫으며 억척같은 생활을 해 나갔다.

'크게 쓰기 위해 작게 쓰지 않겠다.'

나는 좌우명을 만들어 항상 내 자신을 경계하며 살았다. 아내와 나는 그 흔한 나들이 한 번 가지 않았으며 친구들은 내게 구두쇠라는 둥 수전노라는 둥의 소리를 해 댔으나 나는 오로지 내 목표만을 생각하며 흔들리지 않았다.

그렇게 결혼 십 년 만에 나는 당시 사천만 원인 23평짜리 가게를 살 수 있었다. 빌린 것이 아니라 완전한 우리 부부의 가게였다. 처음 가게를 인수하던 날, 아내와 나는 하염없이 울고 웃으며 십 년의 세월을 추억했다.

 신포동에서의 속옷 장사가 어느 정도 자리를 잡아 가면서 나는 가게 이름을 현대 의류 백화점으로 바꿨다. 그리고 자투리 시간을 활용하여 다시 공부를 하기 시작했다. 내 꿈을 펼치기 위해서는 돈도 중요했지만, 그것이 전부는 아니었다.

 가장 중요한 것은 우선 나부터 제대로 배우고 관련 지식을 쌓아야 한다고 생각했다. 나는 또다시 주경야독의 세월을 보내며 닥치는 대로 공부를 했다.

 인하대에서 기업 경영을 공부하고, 건국대학교 대학원에서는 교육 행정을, 중앙대학교 사회개발대학원에서는 사회복지과정을 이수하였고, 연세대 행정대학원에서는 행정을 공부하였다.

 그리고 법무부 갱생보호위원으로도 위촉을 받아 틈틈이 봉사활동도 이어 갔다. 특히, 한 번의 실수로 영어의 몸이 된 전과자들을 만날 때면 지난 시절의 나 또한 그들과 같은 처지가 될 수 있었다는 생각에 더욱더 가슴이 아팠다.

 '나도 배가 고파 가게 앞을 지나면서 저절로 손이 움직이려는 것을 수백 번이나 참고 또 참지 않았는가? 그때 만약 가난과의

싸움에서 무릎을 꿇었다면 아마 나도 그들과 같은 처지가 되었겠지.'

이런 생각 끝에 나는 무엇이 그들에게 희망을 주고 살아갈 용기를 줄 것인가 끊임없이 고민하였다. 그리고 결국 희망을 찾아냈다.

그것은 자신을 끝까지 믿어 주고 사랑해 주는 단 한 사람만 있다면 충분히 그 사람을 위해 희망을 갖고 살아갈 수 있다는 것이었다.

해답을 찾은 나는 법무부에 의뢰하여 재소자들의 무료 합동결혼식을 추진하였고, 그들은 결혼을 통해 새 희망을 갖게 되었다.

돈이 없어 결혼식도 못 올리고 산다는 것은 남편은 남편대로 아내는 아내대로 가슴속에서 얼마나 큰 한을 품은 채 살았겠는가? 무료로 결혼식을 올려 주고 친자와 가족들이 다 지켜보았으니 그들은 다시 한 번 결혼의 의미에 대해 생각하며 용기를 갖고 범죄의 유혹에 쉽게 빠져들지 않을 것이라 기대했다.

그 결과 무료 합동결혼식을 올린 전과자들의 재범률은 현저히 떨어졌다. 희망을 본 것이다. 이를 시작으로 법무부 갱생 보호회의 합동결혼식이 전국적으로 지금까지 이어지는 단초가 되어 뿌듯하다.

나는 이후 사회 복지관을 운영하면서 재소자들뿐만 아니라 가정 형편 등으로 인해 결혼식을 올리지 못하고 사는 부부들을 위해 무료 합동결혼식을 계속해서 이어 오고 있다.

그중 기억에 남는 노부부가 있었는데 그 분들은 오십여 년간 동거 생활을 이어 오시다가 칠십 세가 넘으신 연세에 비로소 내 덕분에 결혼식을 올리게 되었다면서 내 손을 꼭 잡아 주시던 분들이다. 참으로 가슴 뭉클한 기억이다.

세상에는 밝은 빛을 원하지만 어쩔 수 없이 어두운 곳에서 숨죽여 사는 사람들이 있다. 그들에게 희망과 용기의 씨앗을 심어 주는 일이 내 평생 과제라 생각한다.

지난날의 그 처절한 심정을 몸소 체험한 내가 그 누구보다 그들의 심정을 잘 이해할 수 있을 터이니 말이다. 그들에게 어떠한 일에도 좌절하지 말고 오직 희망이라는 두 글자만 손에 쥐고 달려간다면 언젠가는 성공이라는 결승점에서 도달할 것이라고 꼭 말해 주고 싶다.

2. 또 다른 나를 위해 설립한 학교

때늦은 학업과 더불어 나름대로의 사회적인 봉사까지 하느라 조금은 벅찬 생활이었으나 장사 또한 잘 되니 새벽부터 밤까지 일하고 공부하면서도 피곤한 줄 몰랐다.

그러던 내게 어느새 불혹이라는 나이가 찾아왔고 그 즈음에 내 뜻을 펼칠 신문 기사를 하나 접하게 되었다. 더 이상은 미룰 수가 없었다. 내 나이가 문제가 아니었다. 84년 당시 공업화의 급격한 단계에서 늘어나기 시작한 근로 청소년이 3백만 명이 넘는 상황이었는데 그중 2백만에 가까운 학생들이 중졸 이하의 학력밖에 되지 않는다는 신문 기사를 접했기 때문이었다.

"여보, 더 이상은 미룰 수가 없구려. 작게나마 학교를 세워 오래전부터 지니고 있었던 내 뜻을 펼치겠소."

아내는 내 의견에 전적으로 동의해 주었고 나는 당시 중구 선린동(하인천역 앞 올림포스호텔 건너편)에 위치한 나의 집을 개조하여 학교로 만들었다.

원래 10여 가구가 모여 사는 2층짜리 구식 연립 주택이었는데 나는 현대 의류 백화점을 운영하며 모든 모은 돈을 몽땅 들여 학교 건물로 바꾸어 버린 것이다. 10여 명의 선생님들을 모집하고 9개의 교실과 기숙사도 만들었으며 타자기와 같은 실습 기자재도 들여놓았다.

남들은 학교 같지 않은 건물에 코웃음도 쳤으나 나는 무엇보다 시작이 중요하다는 것을 알고 있었다.

1984년 7월 20일 오전 10시 아내와 나는 조촐하게 남인천새마을 실업고등학교의 현판식을 가지게 되었다. 간절한 나의 바람이 이루어진 것이다.

'아버지, 어머니 사랑하는 누님들 열세 살의 나이에 상경하여 죽을 고생을 다하며 버틴 국진이가 드디어 꿈을 이루었습니다. 작게나마 내 꿈의 초석을 다졌으니 이제부터 새로운 마음가짐으로 나와 같은 처지의 학생들을 보살피고 이 사회의 훌륭한 일꾼으로 키우겠습니다. 어디 계시든 지켜봐 주시고 살펴 주십시오.'

이렇게 해서 남인천새마을 실업고등학교가 탄생한 것이다.

원래 남인천새마을 실업학교는 77년에 개교하여 초대 유병묵 교장과 2대 서정진 교장을 거친 학교이나 여러 가지의 자금 사정으로 인해 정상적인 운영이 되지 않았을 뿐더러 학생 수도 열 명 남짓에 불과했다.

내가 학교를 인수해 정식으로 새마을 실업학교란 명칭을 얻기까지는 참으로 많은 땀과 열정을 쏟아부었다. 의류점에서 나오는 모든 돈은 물론이고 은행 대출까지 내어 가면서 학교를 운영하고자 했던 것은 오로지 나처럼 가난으로 인해 배우고 싶어도 배우지 못하는 학생들에게 희망을 주기 위해서였다.

인간이라면 누구에게나 몇 번 찾아온다는 크나큰 선택의 순간에 나는 참으로 현명한 선택을 하였고 후회 없는 결정을 했던 것이다.

하지만 시작은 순탄치 않았다.

남존여비 사상. 지금이야 남존여비 사상의 소리를 한다면 큰일 날 소리겠지만, 당시 시골에 있는 80년대 초만 해도 남존여비사상이 남아 있던 터라 소녀들은 집안에 있는 오빠나 남동생들에게 배울 수 있는 기회를 양보하고 자신은 대도시에 나가 일을 해서 학비를 대는 것이 당연하다고 생각하는 어른들이 많이 계셨다. 때문에 배움의 기회조차 얻지 못하고 뒷바라지만 해야 하는 가엾은 여학생들에게 우선적으로 공부할 기회를 주고자 마음먹었다.

 학교를 처음 인수하였을 당시 학생 수는 열다섯이었으나, 학교를 개조하고 기자재를 들여놓은 후 첫 입학생 수에 여학생의 수는 300여 명이었다. 배우고자 하는 학생들이 더 많았으나 교육시설이 학생들을 더 이상 수용할 수 없는 상태였다.

 작은 학교였지만 어떻게든 배우겠다고 찾아오는 그들을 돌려보내야 하는 심정은 말로 표현할 수 없을 정도로 가슴이 아팠다.

 당시 우리나라는 개발 붐이 일어나고 온통 경제 성장에 신경을 쓰느라 근로 청소년에 대한 교육 같은 건 안중에도 없던 시절이었다. 물론 나라에서 설치하여 운영되어 온 산업체 부설 중고등학교나 야간 특별 학급은 있었으나 교육받기 희망하는 근로 청소년 수에 비하면 턱없이 부족했다.

 그러다 보니 나처럼 개인이 운영하는 새마을 직업 학교나 적십자사 등의 봉사 단체에서 운영하는 학교 또는 교회, 사찰 등 종교 단체에서 운영하는 학교들이 생겨난 것이다.

 이러한 학교가 전국에 2백6여 곳 정도가 있었고 그 규모도 몇 십 명을 가르치는 야학부터 몇 천 명을 수용하는 큰 학교까지 있었다. 이러한 학교들의 공통점은 정규 교육에서 외면된 불우 청소년 및 근로 청소년을 가르치고 있다는 사명감과 학생들이 낮에는 산업 전사로 현장에서 일하고 밤에는 배움의 길을 닦는다는 것이다.

재정의 빈곤으로 인한 운영과 시설 전반이 빈약하였으나 새마을 학교를 운영하는 사람들 대부분이 고학을 한 경험이 있어 그 누구보다 더 높은 인간애를 지니고 불우 청소년들의 알찬 삶을 위해 전력을 다하였다.

나 또한 여학생들의 대성목재, 동일레나운, 이성전자 등에 취업시켜 주고 집이 없는 60여 명의 학생들은 학교에서 잠을 잘 수 있도록 기숙사도 마련하였다. 밥을 굶은 채 회사에서 학교로 곧장 배우러 오는 학생들에게는 라면을 끓여 먹이고 수업에 들어갈 수 있도록 배려해 주는 등 그들과 함께 호흡하며 지냈다.

그러나 당시 새마을 학교에는 가장 큰 문제점이 존재하였다.

그것은 학력이 인정이 되지 않는다는 점이었다.

입학 초기에는 공부도 할 수 있었고, 취업도 보장받을 수 있다는 점에서 희망에 부풀어 입학을 하였으나 시간이 흐르면서 이곳을 졸업해도 학력 인정을 받지 못한다는 것을 알게 된 학생들은 의기소침해지고 중도에 탈락하는 학생들이 대거 생겨났다.

 많은 생각이 들었다. 국민이면 누구나 교육을 받을 의무와 권리가 부여되어 있음에도 불구하고 가정과 사회에서 외면당한 채 거리를 방황하는 청소년들에게 우리 같은 학교가 있는 것이 얼마나 다행이란 말인가? 배워야 산다는 절박한 심정으로 눈물겹도록 진지하게 학교에 다니는 이들에게 과연 내가 해 줄 수 있는 것이 무엇이란 말인가?

 나는 많은 고심 끝에 인천에서 쌓아 올린 모든 인맥들을 총동원하여 뜻을 함께했던 부산의 권성태 선배와 함께 당시 민정당의 당대표이자 대통령 후보였던 노태우 총재를 찾아갔다. 그리고 새마을 실업학교들의 학력을 인정해 줘야 하는 당위성에 대해 조목조목 설명하였다.

 "인가 학교든 비인가 학교든 학생들이 배우고자 하는 의지를 꺾을 수는 없습니다. 근로 학생들을 위해 방송 통신 학교를 사회 교육 기관으로 인정하여 학력을 인정해 주는 것처럼 2~3여 년간 실질적으로 공부한 새마을 학교 학생들에게도 공인된 졸업장과 최소한의 학력을 인정해 주셔야 합니다."

"수출 2백억 불의 주역들이며 공업 한국의 최일선에서 땀 흘려 일하는 이들의 배우고자 하는 의지를 꺾지 말아 주십시오."

다행히 당시 노태우 총재께서는 우리의 입장을 백분 이해하며 장성만 정책의장에게 검토를 지시하셨고 마침내 충주에서 있었던 대통령후보연설에서 새마을 학교들의 학력 인정을 선거 공약으로 발표하였다.

이러한 각고의 노력 끝에 1985년 2월 6일 문교부는 새마을 학교의 학력 인정 방안을 마련하고, 교육법에 의한 각종 학교로 변경 인가하거나 사회 교육법에 의한 사회 교육 시설로 등록케 해 고입 및 고졸 학력 검정고시 시험 과목을 면제하는 등의 조치를 취하였다.

그리고 마침내 1986년 11월 24일 문교부 장관으로부터 '문교부 지정 학력 인정 사회 교육 시설 남인실업학교'로 정식 인정을 받아 정식 학교를 운영하게 되었다.

우리 속담에 '하늘은 스스로 돕는 자를 돕는다.'라는 속담이 있다. 아무리 어려운 일도 자신이 먼저 개척하고자 노력한다면 하늘은 분명 그 사람을 도와준다는 알기 쉬운 속담이다. 그러나 알면서도 이를 실천하지 않는 사람들이 많이 있다. 스스로는 노력하지 않으면서도 오직 하늘의 도움만을 바라며 하늘이 도와주기를 바란다는 것은 참으로 어리석고 비겁한 짓이다.

지금 무엇인가 간절히 원하는 것이 있는 사람이라면 자신의 모든 것을 던져 노력해 보라고 말하고 싶다. 반드시 해낼 수 있다. 내가 그랬던 것처럼 말이다.

3. 16497명의 학생의 꿈을 담다

앞서 내가 밝혔듯이 내가 학교를 운영하려고 했던 것은 나처럼 배우고 싶어도 배우지 못하는 불우한 청소년들에게 희망을 주려는 생각에서였다. 그러나 내가 미처 생각하지 못했던 것은 그러한 학생들이 너무나도 많다는 것이었다.

학교에 입학하지 못한 근로 청소년들은 도덕적, 윤리적, 정서적 측면에서 거의 방치되다시피 하였다. 공장일이 끝나면 기숙사에서 TV를 보며 시간을 보내거나 변두리에서 자취하는 친구의 자취방에 찾아가 수다를 떠는 것이 전부였는데 당시 공단 주변의 환경은 감수성이 예민하고 판단력이 성숙하지 못한 이들에게 유해한 경우가 많았다.

나는 신문이나 TV 등에서 보도되는 근로 청소년들의 성적 문란이나 도덕적 문제들은 이러한 여건 속에서 싹트는 것이라고 생각했다. 그리고 마치 그것은 내가 배우고자 하는 학생들의 여건이 부족하고 돌려보낸 탓이라고 생각까지 들었다.

'이대로는 안 된다. 배우고자 하는 모든 학생들을 받아들여야 한다.'

이렇게 생각한 나는 주저 없이 더 큰 시설의 교사를 알아보았고 인천 남구 용현동에 위치한 하나로 쇼핑센터 건물로 교사를 옮겼다. 당시 매월 1백50만 원이라는 많은 돈의 임대료를 지불해야 했지만 그 방법밖에는 없었다.

그러나 급하게 먹은 밥이 체한 것인가? 교사를 옮긴 지 일 년쯤 되던 날 하나로 쇼핑이 도산하여 풍림 산업으로 관리 권한이 넘어가 버린 것이다. 언제 교실을 비워 줘야 할지 모르는 상황이었다.

사태를 수습하기 위해서 풍림산업에는 사정해 가며 나는 다시 그동안 모은 모든 돈과 은행에서 대출까지 받아 당시 연수구가 생기기 전 인천시 남구 소속이었던 동춘동에 2천4백50평의 필지를 구입하였다. 그곳에 학교와 복지 시설을 세우려고 했던 나는 또 다시 큰 난관에 부딪혔다.

인천시에서 학교 부지가 인천 상륙 작전 기념관 및 송도 유원지와 함께 수림을 보호, 자연 경관을 보존하기 위한 풍치 지구로 용도 변경토록 도시 계획 입안 중이어서 학교 시설을 짓게 할 수 없다는 통보가 왔던 것이다.

　납득을 할 수가 없었다. 당시 그 지역은 주거 지역으로 되어 있었고, 자연 녹지 편입 예정지로 되어 있어서 학교를 짓는 데에 아무런 법적 하자가 없었다. 당시 내가 구입한 부지는 상륙 작전 기념관과 송도 유원지와는 1km 이상 떨어져 있었기 때문이다. 게다가 밭과 포부대를 설치했던 장소였기 때문에 대부분 잡목으로 구성되어 있어 만약에 학교가 들어선다면 낙후된 지역의 미화에 크게 기여하리라고 생각했다.

　지역 주민들도 학교가 들어서는 것을 원하고 있어 나는 백방으로 뛰었으나 결국에는 행정적인 문제로 인하고 뜻을 굽힐 수밖에 없었다. 참담한 심정이었다. 그러나 포기하지 않았다. 나처럼 가정 형편이 어려워 배우지 못한 불우 청소년을 가르치는 학교를 세우겠다는 집념만을 불태웠다. 누가 보면 미친놈이라고 왜 피땀을 흘려 모은 모든 돈으로 그렇게 사느냐고 할 정도였다.

　그리고 시간이 흘러 마침내 학교를 짓기에 적합한 부지를 찾았다. 1989년 10월 16일 지금의 학교 부지에서 나는 신축 기공식을 가졌다. 또한 88년 4월부터 사회복지 법인 백암한마음봉사회를 설립해 지역 영세민들과 아동, 노인들의 복지 사업을 전개해 오던 것을 좀 더 구체화시키기 위해서 건물의 일부를 사회복지법인시설들이 들어설 수 있도록 하였다. 이것이 내가 그토록 갈망하고 원하던 전 재산을 사회에 환원하며 이룩한 남인천 실업학교이며 이를 바탕으로 사회복지법인 백암한마음봉사회까지 봉사할 수 있는 기반을 다졌다. 당시 많은 신문사에서는 한 시민의 집념이 결국 꿈을 이루었다면서 앞다투어 기사화되었다.

아내와 나는 충분히 편하게 살 수 있었다. 의류 백화점을 운영하며 큰돈도 모을 수 있었다. 자식들에게도 좋은 옷 맛있는 음식을 먹여 주며 남부럽지 않게 살 수 있었다.

그러나 나는 그러지 않았다. 가난으로 인해 배우고 싶어도 배울 수 없었던 어린 시절의 수많은 상처와 고통들을 어느 생면부지의 사람일지라도 겪게 하고 싶지 않았다. 오로지 그 이유뿐이다. 가난해도 배우고 싶은 사람은 배워야 한다. 가난해도 노력하는 사람이라면 언젠가는 성공할 수 있다. 나는 그렇게 믿고 그렇게 실천했을 뿐이다.

〈각계각층에서 학교를 빛내고 있는 나의 제자들〉

가. 정치계

1. 임○○의원

임○○의원은 본교 30회 졸업생으로 4대, 6대, 7대 인천광역시 중구 의원을 거쳐 현재는 인천시의회 건설교통위원회에서 활동하고 있다.

어린 시절 나처럼 배움의 한을 품고 살면서도 세상의 풍파에 좌절하지 않고 항상 긍정적인 마인드로 밝게 웃으며 학교생활을 해서 기억에 많이 남는다.

지금처럼 항상 낮은 자세로 시민의 목소리에 귀 기울이며 올바른 정치인의 표상이 되어 학교를 빛내 주길 나는 간절히 바라고 있다.

2. 이○○의원

이○○의원은 본교 39회 졸업생으로 미추홀구에서만 내리 3선에 당선된 의원이다.

어린 시절 어려운 가정형편으로 형님과 함께 생활하면서 학교를 다니지 못했지만 형님 덕분에 독학으로 영어와 수학 공부를 하고 결국 학교에 갔지만 그 학교가 학력이 인정되지 않는 학교였다고 한다. 그래서 다시 본교에 입학하여 정말 바쁜 의정 생활에도 결석 한 번 하지 않으며 모범적인 생활을 하여 정말 기억에 남는 제자이다.

항상 우리 남인천중고등학교를 졸업했다는 것을 자랑스럽고 떳떳하게 여겨 어디서든 자신 있게 인사말을 하는 이 의원을 볼 때마다 나는 제자로서도 그리고 정치인으로서도 존경하는 마음이 든다.

지금의 초심을 잃지 않고 더욱더 훌륭한 정치인으로 성장하길 바란다.

나. 학계

1. 김○○교수

김○○교수는 본교 32회 졸업생으로 학생회장을 역임했다. 본교 졸업 후 중앙대에서 학위를 받고 한 걸음 더 도약하여 중앙대에서 석사 학위를 받았다.

석사 학위를 받았다는 연락을 받았을 때 늦게 배운 공부가 재밌기도 하고 성과도 그만하면 되었다고 생각했는데 결국 눈에 실핏줄이 다 터지고 극심한 스트레스로 발치까지 하면서도 결국 인하대학교에서 박사 학위까지 취득한 본교 졸업생 출신 박사 1호다.

정말 그 열정에 박수를 보내지 않을 수가 없다.

현재는 선문대, 경희대 등의 대학 강단에서 후배들을 양성 중이다.

게다가 그 능력을 인정받아 사회적으로 여러 직함을 얻었으며 특히 본인의 사업 또한 점점 더 확장해 가고 있는 참으로 본교 출신의 입지적인 인물이다. 그렇게 소위 사회 각계각층의 명함이 수두룩하면서도 현재 본교 총동문회장까지 맡아서 정말 훌륭하게 동문회를 이끌고 있다.

수많은 제자 중에 손에 꼽을 정도로 너무나 고맙고 자랑스러운 제자이다. 앞으로도 더욱 뻗어 나가길 두 손 모아 바란다.

2. 김○○

김○○학생은 본교 27회 졸업생으로 나의 비전과 목표가 흡사한 학생으로 기억한다.

집안에 형제가 많다 보니 여자라서 공부를 하지 못했고 또래들이 학교 가는 모습을 골목에 숨어 지켜봐야 했던 참으로 안타까운 사연을 가지고 있었다.

늦은 나이에 학업을 시작하면서도 정말 우여곡절이 많았지만 끝까지 포기하지 않고 꿋꿋하게 졸업한 학생이다. 숙명여대에 진학한 것으로 기억하는데 참으로 놀라운 일이 있었다.

어느 날 내 집무실에 자랑스러운 교사 자격증을 들고 찾아와 눈물을 흘리며 큰절을 올렸던 것이다. 얼마나 자랑스럽고 기쁘던지….

현재는 피아노 학원을 운영하며 형편이 어렵지만 음악 공부를 하고 싶고 재능이 있는 아이들을 위해 애쓰고 있다. 꿈이 있다면 가난이 그 꿈과 실력을 막지 않도록 도와주는 것이 자신의 목표라며 환하게 웃던 그 얼굴이 떠오른다.

다. 금융계

1. 유○○

이 학생은 본교 25회 졸업생으로 학생회장 출신이다.

언변이 뛰어나고 리더십이 있으면서도 어찌나 예의가 바르던지 선생님들 모두에게 항상 칭찬을 받는 학생이었다.

그런 바른 마음가짐 덕분이었는지 졸업 후에는 더욱 승승장구하였는데 특히 중구 농협조합장으로 당선되어 근무하면서 아버지 대학을 열어 주민들에게 배울 수 있는 기회와 편의를 제공하며 큰 호응을 얻었다.

학교에 다닐 당시 영종도에서 통학하면서도 참으로 성실하게 등교하였고 또 그 지역 주민들에게 남인천 중고등학교를 홍보했던 자랑스러운 나의 제자이다.

라. 연예계

1. 민○○

이 학생은 자매가 모두 가수로서 80년대 아주 유명했던 가수의 언니이다. 노래를 얼마나 잘하던지 이 학생을 생각하면 아직도 귓가에 〈아름다운 강산〉을 불렀던 그 목소리가 들리는 듯하다. 학교를 대표해서 방송에도 여러 번 출연하고 지금도 활발히 활동하고 있는 졸업생이다. 호통한 성격으로 시원시원하게 노래하며 참 즐겁게 학교생활을 했던 제자이다.

늦게 시작한 공부지만 지금은 남들보다 배움에 있어 부족함이 없다고 이야기하며 자신감 있게 말하던 나의 제자 민○○이 자랑스럽다.

앞으로도 많은 사람들에게 노래로 희망과 용기를 전해 주길 바란다.

2. 유○○

이 학생은 본교 30회 졸업생으로 전통 국악 예술단장으로 있으면서 국악의 위상을 널리 알리고 있다.

인천에 무대가 있는 곳이라면 국악 예술 공연을 펼치고 있고 구청이나 주민 센터, 경로당, 문화 센터 등에도 출강하며 후학 양성을 위해 노력하고 있다.

어려운 형편에 공부를 마치지 못해 배움의 한을 품고 늦은 나이에 시작한 학업에 누구보다 열정적으로 임했던 학생이라 기억에 또렷이 남는 학생이다.

4. 인생의 모든 순간이 배움이다

내가 처음 배움의 길에 들어설 때 고학생을 따라간 곳은 경동 사거리 중앙 예식장 뒤에 있는 서울 강의록 학생들의 교육 장소였다. 교육을 받을 수 있는 곳이고 시골 마을인 괴산이 아니라 인천이니 어느 정도의 시설을 기대하고 들어갔으나 기대와 달리 시설은 정말 형편없었다.

말만 강의록 공부를 가르치는 장소지 공부할 수 있는 환경이 아니었다. 그나마 이 장소도 고학생들을 불쌍하게 여긴 어느 독지가 분께서 세를 얻어 오갈 곳이 없는 학생들에게 무료로 제공했다고 한다.

내가 방문하였을 때는 일곱 명의 학생들이 함께 있었다. 시골에서 나처럼 혼자 배우겠다고 상경한 학생, 고향이 인천이지만 가정 사정에 의해 고아가 된 학생, 섬에서 온 학생 등 그들 모두의 사연은 제각각이었지만 목적은 모두가 하나였다. 그것은 하나같이 배우겠다는 집념이 대단하다는 것이었다. 자신들의 고향에서는 모두 최고로 우수한 학생들이었으나 가난으로 인해 배움의 꿈을 이룰 수 없었던 그들을 보며 동병상련을 느낀 나는 이들과 함께라면 외롭지 않을 것 같았다.

"우리랑 여기서 함께 일하고 공부하자."

그들은 내게 먼저 함께하자면서 손을 내밀었다. 그렇다. 일하는 곳에서는 세끼 밥밖에 먹지 못한다지만, 내 손으로 돈을 벌고 서울 강의록을 사서 공부를 할 수 있다면 이 얼마나 행복한 일인가? 나는 주저 없이 여기서 함께 일도 하고 공부를 하겠다고 말했다. 그들의 일과는 생각보다 단순했다.

닥치는 대로 일을 하고 밤에는 잠을 줄여 가면서 공부를 하는 것이 전부였다. 다음날부터 나도 그들의 일과에 동참했다. 이것이 내 배움의 시작이었다.

어린 시절 당시, 축현국민학교 앞 2층에 동아일보 인천지사가 있었는데 그곳에서 신문을 받아 맡은 구역을 돌며 신문을 배달하면 되는 것이었다. 마침 자유 공원 쪽 배달원이 일을 그만두어 나는 운 좋게 바로 신문을 돌릴 수 있었다.

신문을 왼쪽에 끼고 언덕을 오르내리며 구독자의 집집마다 나름대로 알아볼 수 있는 표시를 해 가며 돌렸는데 며칠 하다 보니 금방 익숙해졌다.

그러나 세상에 쉬운 일이 어디 있겠는가? 신문 배달을 하며 가장 힘들었던 두 가지 중 첫 번째는 비가 오는 날이었다. 신문이 비를 맞지 않도록 하는 것이 최우선이었지만 그것이 말처럼 쉽게 되지 않았다.

지금처럼 우산이 흔한 것도 아니었고, 비닐이 있는 것도 아니었기 때문이다. 비가 오는 날이면 몸도 흠뻑 젖고 신문은 신문대로 젖고 그야말로 처량하기 짝이 없었다.

그런 것들은 충분히 감수할 수 있지만 젖은 신문을 받아 보시는 독자들의 호통이 문제였다. 다 젖은 신문을 어떻게 보느냐고 호통을 치시는데 마땅히 옳은 말씀이니 그저 연신 고개를 숙일 수밖에 없었다.

두 번째로 힘든 점은 개를 풀어 놓은 집에 신문을 돌리는 일이었다.

하루는 자유 공원 성공회 앞 동네에 신문을 넣으러 갔다. 그 지역은 인천 최고의 부유층들이 모여 사는 곳으로 대문만 봐도 으리으리했다. 나는 철문이 열려 있는지도 모르고 신문을 넣었다가 문이 열려 다시 닫아 주려고 했는데 갑자기 나보다도 큰 개가 신문을 들고 있는 내게 달려들었다.

깜짝 놀라서 신문을 몽땅 떨어뜨렸는데 어느새 내 왼손 손목을 물어 피가 흐르고 있었다. 약 2센티미터 정도가 찢겨 피는 계속 흐르는데 어디 도움을 요청할 데도 없고 난감한 상황이었다.

나는 엉엉 울면서 신문을 주섬주섬 챙겨 들고 미친 듯이 뛰었다. 돈이 없으니 당연히 치료를 받을 생각은 하지 못했고 그저 피가 멈추기를 바랄 뿐이었다. 내게는 아직도 그 상처가 손목에 흉터로 남아 있다. 다행인 것은 동맥이 끊어지지 않았다는 사실이다.

그 때 신문을 돌리며 받았던 그런 설움들이 있어 나는 점점 강인해졌고 목표 의식도 확고했다. 신문을 돌리는 일이 익숙해지고 신문을 돌려서 밥을 먹을 수 있다는 사실을 깨달은 나는 이후 시간이 날 때는 구두를 닦았다.

같이 공부하는 형과 친구들에게 구두 닦는 통을 빌리고 약도 빌렸다. 하지만 당시 사람들이 고무신이나 운동화를 신고 다녔기 때문에 부자들 외에 서민들은 어디 행사를 간다거나 중요한 볼일을 보러 갈 때만 구두를 신고 외출을 하였으니 그 당시 구두닦이는 가장 쉽게 할 수 있는 일인 반면에 돈은 가장 적게 벌 수밖에 없었다.

그래도 나는 적은 돈이나마 감사히 생각하여 악착같이 일을 했다. 배가 고프면 물을 먹고 이틀에 한 끼를 먹어 가며 돈을 아끼다 보니 내게도 꿈이 현실이 되는 날이 찾아왔다.

근 한 달 만에 꿈속에서도 그리던 서울 강의록을 구입하게 되었던 것이다. 나는 간절히 바라던 학생 모자에 서울 강의록 배지를 달고 다니게 되었고 조금의 자투리 시간이라도 생기면 책을 보고 또 보곤 했다.

강의록 책은 매달 한 권씩을 구입하였는데 한 권에 전 과목이 실려 있었다. 시험 문제도 함께 있어 문제를 풀고 정답을 맞혀 서울로 보내면 점수가 나오는 방식이었다.

낮에는 구두를 닦는 통을 메고 인현동, 전동, 내경동 등을 헤매면서 구두를 닦는다고 외치며 오후 늦게는 신문 뭉치를 옆에 끼고 자유 공원 동네를 뛰어다니던 나는 밤이 되면 주린 배를 움켜잡고 새벽까지 책을 보았다.

그렇게 1인 3역을 해 가며 악착같이 버틸 수 있었던 것은 오로지 배우겠다는 일념이 있었기 때문이다.

   그렇게 배우겠다는 간절함의 힘이었을까? 나는 구두를 닦는 손님 중에 평생의 은인이자 스승님을 만날 수 있었고, 구두를 닦으면서도 강의록을 펼쳐 놓고 공부를 하던 모습을 본 당시 영화중고등학교 유흥수 선생님께서 나를 기특하게 여기셨는지 당시 자신의 학교 야간 학부로 공부를 하러 오라고 하셨다. 하지만 학비가 있어야 배울 것이 아닌가? 언젠가 꼭 내 손으로 돈을 벌어 학교에 가겠다고 말씀을 드리며 더 부지런해져야 한다고 스스로를 채찍질하며 눈물을 삼켰다.

   훗날의 이야기지만 나는 그때의 그 다짐으로 인하여 야간 학부에 입학하게 되고 평생의 은인이신 유흥수 선생님과 계속해서 연락을 하며 지내고 있다. 본교의 졸업식에도 참석하셔서 자리를 빛내 주신 유흥수 선생님, 평생 내가 만난 배움의 인연들 중 손에 꼽을 수 있는 은사님이시다.

5. 가장 올바른 삶의 자세

학교와 복지관을 운영하면서 나는 많은 상을 탔다. 결코 자랑이 아니다. 다만 내가 믿고 추진한 일들이 결코 헛되지 않았다는 것을 증명하는 것이 바로 상이라고 생각하기 때문에 몇 가지 상에 대해 언급하고자 하는 것이다.

나는 1978년 보이스카우트에 처음 입문하였다.

호기심으로 막연하게 입문하였으나 청소년들에게 건전한 시민 정신을 심어 주고 다양한 야외 생활에서의 기술 개발을 목적으로 하는 보이스카우트의 정신을 배울수록 학생들에게 널리 알리고 싶은 생각이 들었다.

이후 나는 보이스카우트를 운영하며 보이스카우트 최고의 영예인 '무궁화동장'을 시작으로 은장, 금장 모두를 수상하는 영광을 안았다. 또한 새마을 학교를 운영할 당시 새마을 학교 중 전국에서 유일하게 걸스카우트도 운영하였다.

사실 내가 걸스카우트를 운영하게 된 것은 우리 학교에 진학한 근로 여학생들에게 자신감을 심어 주기 위해서였다.

당시 근로 여학생들은 대체적으로 자기 자신에 관해 부정적이거나 소극적인 의식을 가지는 경우가 많았다. 또한 경제적 빈곤에서 오는 열등감을 극복하지 못하고 있는 경우가 많았기 때문에 걸스카우트 활동이 그들에게 큰 도움을 주리라 생각했던 것이었는데 그 생각이 틀리지 않았다.

또 법무부 갱생 보호 위원으로 활동하며 재소자들의 합동결혼식을 추진한 공로로 1984년 법무부장관상과 1986년도 국무총리상을 수상하기도 하였다.

많은 상들 중에 특히 기억에 남는 상은 인천 교육 대상 및 인천 시민 대상과 인천일보가 재정한 제1회 환경대상에 당시 정종택 환경부 장관으로부터 받은 환경부장관상이다.

이 환경대상은 내 개인의 상이 아닌 남인여상의 이름으로 수상한 상으로 더 큰 의미를 지니고 있었다.

예나 지금이나 환경에 대한 문제는 몇 번을 강조해도 지나치지 않는다고 생각했던 나는 자원 재활용을 위해 각 반에 헌 마대를 설치하도록 하였다. 또 각층 복도마다 상자를 세 개씩 놓아 학생들에게 버려진 파지 및 빈 병과 폐건전지 등을 넣을 수 있도록 하였다.

처음에는 시큰둥한 반응이었으나, 봉사단 학생들이 적극 참여하며 홍보를 하니 너도 나도 모두 동참하기 시작했다. 특히 야간 학생들은 회사에서 먹은 우유팩을 깨끗이 씻어 와 넣기도 하였는데 처음에는 회사의 나이 든 직원들이 이상하게 생각했다고 한다. 자원 재활용 운동을 한다고 하니 그때서야 기특하다며 자신들의 우유팩까지 씻어서 건네준다고 하였다.

이러한 재활용 운동뿐만 아닌 교복 물려주기 운동, 학교 근처의 연경산 가꾸기, 환경사진전 개최 등 수많은 환경 보호 활동에 학생들이 모두 단결하게 활동하고 함께 하였다. 재활용품을 활용하여 모은 돈으로 매년 지역에서 2백50여 명의 노인들을 강당으로 초청하여 음식을 대접하고 노인장기자랑 대회 및 학생들의 부채춤과 탈춤 등을 공연하며 노인들을 즐겁게 해 드렸다. 그러다 보니 이웃 주민들은 우리 학교에 '맏며느리학교'라는 별명까지 지어 주었다.

나 혼자만의 노력이 아닌 교사와 학생 모두가 함께하여 이루어낸 성과였던 것이다. 지금은 재활용 수집을 하진 않지만 그 인연으로 나는 복지관을 통해 매년 불우한 노인들을 위한 잔치를 꾸준히 열고 있다.

나는 누가 알아주길 바라지 않고 스스로의 만족감에 최선을 다하다 보면 어느 순간에는 많은 사람들이 함께 동참하고 인정해 준다는 것을 경험을 통해 알고 있다.

Part 3.

상황은 바뀌지 않지만, 시각은 바꿀 수 있다

1. 영양실조도 막을 수 없는 배움의 열정

어린 시절 힘든 고난과 역경을 겪으면서 하는 생각이 있었다.

'세상을 혼자 살아가는 것이 이토록 힘든 일인가? 돈을 번다는 것이 이토록 힘들단 말인가?'

배우겠다는 일념 하나로 고향을 등지고 서울행 기차에 몸을 실은 지 벌써 2년이 다 되어 가는데 내 생활은 전혀 나아진 것이 없었다. 여전히 마음 편히 밥 한 끼를 먹을 수가 없는 상황이었으며 여전히 배고픔에 허덕이는 상태가 지속되었던 것이다.

'그래 일을 더 해 보자. 신문팔이 구두닦이로는 이 생활에서 벗어날 수가 없어.'

함께 강의록을 공부하는 형들 중에는 새벽에 우유를 팔고 밤늦게 찹쌀떡과 메밀묵을 파는 형들이 있었다. 나는 그 형들처럼 일을 더 하기로 마음먹었다.

우유는 옛날 인천 전도관 밑 도원동에 있는 개인집에서 만들어졌다. 펄펄 끓는 가마솥 물에 미군 부대에서 나온 우유 가루를 타서 그것을 우유병에 넣고 마개를 달으면 그걸로 끝이다. 이것을 30병, 50병, 100병 단위로 매고 새벽에 이 동네 저 동네를 다닌다.

"우유요~"

"우유가 있어요~"

이렇게 큰 소리로 외치다 보면 가끔가다 가정집에서 반응하는 소리가 들려온다.

"우유 한 병 줘요."

어찌나 반가운지 얼른 뛰어가서 우유를 주고 돈을 받으면 마치 내가 우유를 마신 것처럼 힘이 났다.

그 당시에는 지금처럼 우유를 대놓고 먹는 집이 없을 정도로 어려웠다. 이렇게 새벽에는 우유 팔기를 시작하여 나는 한 번에 세 가지의 직업을 가졌다. 그러나 이것도 성에 차지 않아 밤늦게 쇼빵 장수까지 하기로 하였다.

밤에 할 수 있는 일은 찹쌀떡 장수, 메밀묵 장수, 쇼빵 장수가 있었는데 나는 쇼빵 냄새가 좋아 이를 택하였다.

당시엔 일단 상품을 외상으로 가져다가 팔고 팔아 온 돈을 주인에게 가져다주면 일정 부분을 떼어 주는 형식이었다. 그러니 잘 팔아 오면 물건도 잘 주지만 물건을 잘 못 파는 사람들에게는 물건을 잘 주지 않았다.

또 당시에는 통금 시간이 굉장히 엄격하여 쇼빵 장수를 하는 것도 쉽지가 않았다. 그나마 마음 따뜻한 순경들이 통금 시간이 지났음에도 불구하고 우리 고학생들의 편의를 봐 주시는 경우가 더러 있었는데 우리와 마주치면 좋은 말로 격려를 해 주셨다.

"통금 시간이 지났다. 얼른 조심히 들어가거라. 힘들수록 더 열심히 살아야 돼."

새벽에는 우유를 팔고 낮에는 구두를 닦고 저녁에는 신문을 돌리고 통금 시간까지는 쇼빵을 팔았던 나는 갈수록 몸이 만신창이가 되었다.

가장 큰 문제는 공부였다. 책을 보려고 책을 펴면 코부터 골기 일쑤여서 천장에 못을 박아 거기에 끈을 매고 머리를 잡아당기도록 했다. 그러나 때로는 머리가 잡아당겨진 채로 잠이 드니 참으로 이 잠이라는 놈은 끈질긴 놈이라는 생각이 들었다.

또 하나의 큰 적은 배고픔이었다. 하루 18시간을 일을 해도 굶주린다니 무슨 그런 일이 있느냐고 하겠지만, 정말이었다. 하루 18시간을 일을 하여도 하루 한 끼를 마음 편히 먹는다는 것이 갈수록 힘들어졌다.

그나마 강의록 공부를 같이하는 친구 중에 김종기라는 친구가 있었는데 이 친구는 중구 선화동에 방을 얻어서 지내고 있었다. 소무의도에서 아버지가 배를 부려 먹고 살았는데 부모님의 지원으로 인천에 유학을 온 친구였다. 종기는 워낙 마음씨가 좋아 배고파하는 친구들을 자기 셋방집으로 데려가 밥을 주곤 하였는데 나도 여러 번 이 친구의 신세를 졌다. 밥이라고 해야 보리밥이지만 그 맛은 꿀맛보다 더 맛이 있었다.

또 보리밥이 없을 때는 밴댕이를 양재기에 끓여 먹곤 했는데 그것이 어찌나 맛이 있던지 그 짠 국물까지 모두 들이켰다.

산다는 것보다 버틴다는 말이 더 어울릴 법한 그 시절. 상상조차 할 수 없는 가난 속에서 살기 위해 닥치는 대로 일을 하고 끼니가 될 만한 것은 무엇이든 먹어 치웠던 나. 가난이 자랑은 아니다.

그러나 부끄러운 것도 아니다. 가난해도 부지런하다면 얼마든지 먹고 살 수 있는 세상이다. 지금 세상이 살기 어렵다고 느낀다면 더 간절한 마음으로 더 부지런하게 하루하루를 살아가야 한다. 그것이 가난을 정당하게 벗어나기 위한 가장 합리적인 방법일 터이니 말이다.

2. 진실의 민낯을 마주하고 불굴의 의지는 품는다

살면서 죽을 고비 한 번을 넘기지 않은 삶이 어디 있으랴마는 나는 실제 비참하게도 배고픔으로 인해 많은 고비를 넘겼다. 이럴 때마다 현실의 가혹한 현실을 마주하게 되고 이에 대한 진실의 민낯은 더욱 악착같이 돈을 모을 수밖에 없다는 결과를 도출해 내었으며, 배움의 의지는 더욱 깊어져만 갔다.

실제로 언급하였듯이 신문 배달, 구두닦이, 우유 장수, 쇼빵 장수까지 하였으니 겉보기에는 하루 세끼 잘 먹을 수 있다고 생각하겠지만, 생각보다 돈벌이가 되지 않았다 유흥수 선생님을 만난 이후로 주제 파악도 못한 채 야간 학교에 들어가 공부를 하겠다는 꿈을 키웠으니 더욱더 배우겠다는 일념 하나로 미련하게 하루 세끼를 물만 먹으니 신문을 돌리며 가게 앞을 지나는 것이 아주 고역이었다.

주머니에 돈도 없으면서 자꾸 몸은 가게 쪽으로 향하고 손이 저절로 움직이는데 혀를 깨물고 이를 악물어 참았다. 쓰러지던 날도 신문을 다 돌리고 물을 먹기 위해 용동으로 간 것이다.

원래 용동 쪽으로는 잘 다니지 않았지만 용동에는 큰 우물이라는 이름의 우물이 있었다. 그 동네 사람들은 그 물을 식수로도 사용하고 빨래도 빨았는데 나는 삼 일 전부터 그곳에 들러 물을 먹었다.

그날도 두레박으로 물을 배불리 먹을 심산으로 큰 우물을 찾았고 원 없이 물을 마셨다. 그리고 용동 큰 우물에서 동인천 쪽으로 내려오다 몸을 지탱하지 못하고 결국 쓰러지게 된 것이다.

정신은 말짱한데 몸이 도대체 말을 듣지 않았다. 일어나려고 아무리 발버둥 쳐도 마음뿐이지 다리가 파르르 떨리며 움직이질 않았다. 집들이 아래로 움직이고 빙빙 돌아가고 말을 하려고 해도 말이 나오지 않았다. 사람들이 무슨 말을 해도 아무 소리도 들이지 않았다.

시간이 얼마나 지났을까 몽롱했던 정신이 개운해지는 느낌으로 눈을 떴다. 소독약 냄새가 코를 찔렀고, 옆에는 가운을 입은 의사 선생님과 간호사가 계셨다. 의사 선생님께서는 영양실조가 심해 조금 더 방치하면 아사할 수도 있었다며 나를 이곳에 데려다 준 은인을 소개해 주셨다.

당시 나를 발견하고 구루마로 실어 오신 분은 고순길 형님이었다. 고순길 형님은 한양대학교를 다니시며 검역소에서 아르바이트를 하고 계셨고, 검역소 소장께서는 화평동에서 한외과를 운영하고 계셨기에 나를 이곳으로 데려온 것이었다. 나는 정신을 차리고 은인들에게 인사를 올렸다.

원장님께서는 배가 많이 고플 것이라며 짜장면을 시켜 주셨는데 정말 순식간에 짜장면을 먹었던 것이 기억이 난다. 이후 고순길 형님께 그간 내가 살아온 이야기를 하자 형님께서 자신의 친구가 근무하는 회사에 나를 취직시켜 주시겠다고 하였고, 그렇게 해서 나를 데리고 간 곳이 동인천역 앞 성일산업 운수 회사였다.

그곳에서 한영태란 분께 이야기를 하고 그분은 김만기 사장님과 이지복 전무님께 나를 이야기하여 근무할 수 있게 되었다.

고마우신 순길 형님께서는 내 목숨을 살려 나를 다시 태어나게 하고 좋은 직장을 갖도록 주선도 해 주셨으니 정말을 은인 중의 은인이 아닌가 싶다.

이후 형님은 내게 힘들어도 꼭 배워야 한다고 말씀하시며 일도 열심히 하고 틈틈이 강의록 공부도 열심히 하라고 격려해 주셨다. 매일같이 뛰어다니며 신문을 돌리고 구두를 닦던 내가 여러 가지 잡일이지만 회사에 들어가 한 곳에서 편하게 일을 하다니 마치 이리저리 차이던 돌멩이가 바위가 된 느낌이었다.

순길 형님 덕택에 운수 회사에서 일을 할 수 있었던 나는 감사한 마음으로 정말 열심히 일을 했다. 다달이 급료를 받으니 혼자 여러 가지 일을 할 때보다 돈을 더 많이 모을 수 있었고 공부를 할 수 있는 자투리 시간들도 많았다.

또 여러 좋으신 분들도 많이 알게 되었는데 그 중 인천공사 전재위 사장님은 나를 무척 기특하게 여기셨다. 그렇게 나를 귀여워해 주시던 사장님은 어느 날 내게 자신의 회사에서 사환으로 일을 해 보지 않겠냐고 물으셨다.

나는 운수 회사 사장님께 허락을 받아 당시 동인천역 앞 동춘식당 3층 건물에 있던 인천공사로 자리를 옮겼다.

골재를 취급하던 곳이었는데 여러 가지 고된 일들이 많았다. 그러나 예전 그 고생들에 비하면 일축에도 못 끼는 일들이라 나는 부지런하고 성실하게 일을 하였다. 월급도 한 달에 천오백 환을 꼬박꼬박 받았고 잠은 회사에서 해결할 수 있어 더 없이 좋은 직장이었다.

사장님은 사장님대로 내게 신경을 많이 써 주셨다. 특히 내가 밤에 불을 켜고 책을 보는 것을 허락해 주셔서 정말 마음 편하게 강의록 공부도 할 수 있었다. 그렇게 겨울을 보낸 나는 사장님의 배려에 인천에 온 지 삼 년 만에 꿈에도 그리던 학교에 갈 수 있었다.

영화중학교 야간 학부 1학년 윤국진.

열여섯 살의 나이로 남들보다 늦은 입학이었지만 나는 입학하기 전날 한숨도 못 자고 눈물을 흘리며 뜬 눈으로 밤을 지새웠다.

열차를 잘 못 타는 바람에 동인천역에서 내렸던 그날부터 죽을 고비를 넘기며 살아온 어제까지의 일들이 영화의 필름처럼 돌아갔다.

나는 하루하루 치열하게 살지 않은 적이 없었다. 앞으로도 그런 삶이 되겠지만 배우고 배워서 나 같은 사람들에게 희망을 주는 존재가 되라 다짐을 하며 입학하는 날 새벽을 맞이하였다.

꿈에도 그리던 학교인지라 나는 참으로 학교생활을 열심히 했다. 새벽에 일어나 인천공사에서 일을 하고 저녁이 되면 학교에서 공부를 하고 다시 회사로 돌아가 새벽까지 책을 보며 지냈다.

잠은 하루에 두세 시간 정도 밖에 자지 않았으나 피곤한 줄 몰랐다. 구두를 닦으며 책을 보지 않고, 가로등 불빛 아래서 책을 보지 않고, 책상 앞에서 책을 볼 수 있는 그 시간이 자는 시간보다 너무나 행복하였다. 가끔 잠을 못 자고 피곤한 얼굴로 학교에 가는 날이면 유흥수 선생님께서 날 부르셔서 좋은 말씀들을 해 주셨다.

"국진아! 달걀은 그냥 달걀일 뿐이지만 스스로 알을 깨고 나오면 달걀이 아니라 병아리가 된단다."

"험난하고 고된 길이지만 네가 직접 부딪혀 가며 싸우거라. 그 경험들이 널 더 단단하게 더 훌륭하게 만들 테니 말이다."

그 당시 선생님의 진심 어린 격려는 내게 정말 좋은 약이 되었다. 지금의 어떠한 어려움도 훗날 내게 긍정적인 효과를 가져다줄 것이라는 희망을 가질 수 있었으니 말이다.

3. 소중한 것 한 가지를 지킬 수 있는 용기

대건중학교 야간 학부 생활을 하기까지 나는 숱한 인연들에게 도움을 받았다. 그 분들의 아낌없는 배려와 도움이 헛되지 않도록 열심히 공부하겠다고 다짐한 나는 하루하루를 정말 치열하게 살았다.

그렇게 노력을 한 결과인지 나는 성적도 매우 우수했고 대건중학교 야간 학부 학생임에도 불구하고 전교 회장에 당선되었다.

작은 체구였지만 한번 마음먹으면 절대 뒤로 물러서지 않는 내 성격을 친구들이 좋게 봐 준 결과였다고 생각한다. 전교 회장으로 특별하게 내가 무엇을 하진 않았지만 항상 많은 인연들에게 도움을 받으며 나도 언젠가는 누군가에게 등불 같은 존재가 되리라고 다짐했던 일을 실천할 수 있는 용기를 지닐 수 있는 사건이 있었다.

야간 학부 학생들은 모두가 나만큼 어렵고 힘든 생활을 견뎌내며 학교생활을 하는 훌륭한 학생들이었다.

그중 나보다 한 살 어린 안건철이라는 친구가 있었는데 나와 많은 면이 닮아 있었다. 고향도 나와 같은 충북이었고, 6.25 때 아버지를 잃은 것도 나와 같았다. 홀어머니와 청주에서 지내던 건철이는 지난해에 인천에 올라와 송현동에서 지내며 겨우내 구두닦이를 하여 번 돈으로 야간 학부에 편입을 하였다. 마음속 이야기를 잘 하지 않은 친구였으나 그래도 항상 밝은 표정이었는데 며칠째 죽을상을 하고 학교에 오는 것이 마음에 걸렸다.

나는 건철이의 표정이 못내 마음에 계속 걸려 학교가 끝난 후에도 건철이의 뒤를 밟았다. 차마 눈뜨고는 볼 수 없는 비참한 환경이었다. 어머니는 사지가 뒤틀려 움직이지 못하시고 토사물 같은 것이 방바닥에 쏟아져 있었다. 끼니는 언제 먹었는지 몇 개 있지도 않은 그릇엔 찌꺼기가 말라붙어 있었다.

나는 참을 수가 없는 슬픔에 모습을 드러냈고 놀란 건철이를 안고 펑펑 울었다. 그냥 있는 때는 몰랐는데 건철이를 안고 보니 얼마나 야위었는지 뼈다귀를 만지는 기분이었다.

다음 날 나는 건철이를 위해 야간 학부 학생들에게 자초지종을 알리고 모금을 하였다. 너도 나도 동참하여 걷은 돈이 삼백사십 원이었다. 모두가 어렵다 보니 모금에는 한계가 있었다. 나는 그대로 주저앉을 수가 없었다. 무엇보다 건철이의 어머니를 보니 고향에 계신 우리 어머니가 떠올랐기 때문에 멈출 수가 없었다.

나는 무슨 생각으로 그랬는지 사회에 동참을 얻어야겠다고 생각하며 신문사를 찾아갔다. 그곳이 바로 경기 매일신문 본사였다. 눈물을 글썽이며 이야기를 털어놓으니 기사에도 내 주고 도와줄 수 있는 방법을 찾아보신다고 하여 연신 고개를 숙이며 감사 인사를 드리고 나왔다.

그로부터 며칠 후 건철이의 이야기는 경기 매일 신문 기사에 '학원에 핀 사랑의 꽃'이라는 제목으로 실렸다. 기사는 선생님들에게까지 알려져 모금 운동이 활발하게 이루어졌고, 인천 각지에서 성금을 보내 주었다.

덕분에 건철이 어머니는 병원에서 치료를 받게 되었고 건철이는 고등학교까지 학비를 무상으로 받을 수 있게 되었다. 건철이는 내게 너무나 고마워했지만 나는 건철이로 인해 너무나 가슴이 뿌듯했다.

언제나 도움만 받던 내가 누군가에게 도움을 줄 수 있다니, 남을 위해서 봉사하고 노력하는 일이 이토록 행복한 일이었다는 것을 깨달아 그 일로 인해 나는 혼자의 힘으로는 어렵지만 여럿이 모인다면 그 힘이 상상을 초월한다는 것을 실감나게 배울 수 있었다. 그리고 언젠가는 더 많은 사람들을 위해 봉사할 수 있는 삶을 살겠다고 굳게 다짐하게 되었다.

4. 실패해야 성공이 있다

당시 대전중학교 야간 학부를 어렵게 졸업한 나는 나의 은인인 아주화학의 민인식 사장님의 도움으로 송도고등학교 야간 학부에 입학하고 학업을 계속 이어 나갔다. 여전히 혼자 힘으로 학비를 대가 며 낮에는 일을 하고 밤에는 공부를 했는데 시간이 흐를수록 생활이 더 어려웠다. 굶는 날이 많다 보니 코피를 자주 쏟고 변에서는 피가 섞여 나오기도 했다.

자주 굶어서 익숙해질 때도 됐건만 밥을 못 먹은 날의 내 꼴은 내가 봐도 흉측했다. 눈은 퀭하니 들어가고 양 볼의 뼈는 툭 튀어나와 누가 봐도 환자같이 보였으니 회사에서도 학교에서도 내게 어디 아프냐 하며 묻는 것이 무리가 아니었다.

"타향살이가 쉬울 줄 알았냐? 혼자 지내는데 이런 일쯤은 설탕 먹듯이 받아들여야지."

그렇게 스스로를 격려하며 지내던 고 3때의 일이다. 그날따라 회사가 한가하여 나는 신문을 정독할 수 있었다. 사장님께서 보시는 경기일보, 인천신문, 한국일보, 서울경제, 중앙일보 등 여러 개의 신문을 보던 나는 마지막에 펼쳐 든 경향신문에서 나와 같이 딱한 사연을 볼 수 있었다.

내용인 즉슨 파주에 사는 한태원이라는 학생이 파산초등학교를 졸업하고 문산 북중학교에 우수한 성적으로 합격하였으나 모자 값과 가방, 모표, 배지 값 등이 부족하여 진학을 포기하였다는 기사의 내용이었다. 당장 왕복 차비인 60원도 없을뿐더러 먹을 것도 없고 어머니의 병세가 악화되는데도 약 한 첩 못 쓰고 있는 상황이라니 이 얼마나 딱한 일인가?

나는 우선 한태원이라는 학생에게 어떠한 일이 있더라도 꾹 참고 열심히 공부하여 지금과 같은 어려움을 지지 말고 누군가에게 도움을 줄 수 있는 사람이 되어 달라는 내용의 편지를 썼다. 그리고 통장과 도장을 가지고 경향 신문의 인천지사에 들렀다. 사장님의 심부름을 가는 길에 틈을 냈던 나는 신문사에 속히 돈을 찾아 한태원 학생에게 전해 달라며 통장과 도장을 맡겼다. 시간적 여유가 있었다면 내가 직접 돈을 찾아 주었겠으나 언제 어떤 심부름을 하게 될지 몰라 회사를 오래 비울 수가 없었다.

지금 생각하면 제 코가 석자인 주제에 참으로 오지랖도 넓다고 생각되기도 하나 당시에는 내 스스로를 만족시킬 수 있는 최선의 방법이었다.

　많은 사람들이 좋은 생각들을 한다. 그러나 아무리 좋은 생각을 한들 그것을 실천하지 않으면 아무 소용이 없지 않은가? 나는 태원이를 통해 그것을 깨달았다. 그러니 태원이를 도와준 것이 아니라 태원이로 하여금 실천하는 방법을 배운 것이다.

　지금도 나는 많은 생각들과 계획을 하고 있으며, 그것을 실천하려고 노력하는 것을 최우선으로 한다. 실천해서 부딪히고 이겨 내는 과정이 실천하지 않고 후회하는 것보다 훨씬 낫다는 것을 경험을 통해 몸소 느끼고 살아왔기에 이에 대한 노력은 결코 배반하지 않는다.

5. 가장 나다운 나의 모습

어렵게 고등학교를 졸업하고 나니 어느새 스물세 살의 나이였다. 대학까지 가서 공부를 하고 있었으나 학비와 생활비를 무슨 수로 댄단 말인가? 나는 졸업을 하자마자 인천 송림동에 있는 동진석유에서 일을 시작하였다.

열심히 일을 배웠으나 계속해서 일을 할 수가 없었다. 군대가 문제였다. 나이도 있고 누구나 가야 하는 곳이니 얼른 다녀오는 것이 상책이었다. 나는 모든 것을 잠시 내려 두고 군대에 입대했고, 12사단 65포병부대 작전과 훈련계에 근무를 하였다.

학교를 다니면서 굶기를 밥 먹듯 하고 너무나 가난한 생활에 쪼들려 살아서인지 오히려 군대는 내게 평안함을 주었다. 물론 훈련은 두말할 필요 없이 힘이 들었지만 세끼 식사를 꼬박꼬박 먹을 수 있다는 것만으로도 나는 행복했다. 그리고 지금의 아내도 군대에서 알게 되었으니 군대는 참으로도 내게 잊을 수 없는 장소이다.

처음 내가 아내를 알게 된 배경에는 에피소드가 하나 있다.

지금은 군대에서 전화 통화도 하고 컴퓨터를 통해 메시지를 주고받는 등 여러 가지 통신 수단이 있었지만 당시에는 컴퓨터는 커녕 전화 통화도 하지 못하였다. 오로지 외부와의 연락은 편지를 통해서만 할 수 있었다. 편지도 지금처럼 빠르게 오가는 것이 아니었으니 누군가에게 받을 편지가 있을 때를 하루 이틀 삼 일을 손꼽아 기다리던 그런 시절이었다.

나는 친하게 지냈던 고등학교 친구 석현이에게 서신을 띄우며 여자 친구 소개를 부탁하였다. 그런데 이 녀석이 내 편지를 본 후 마루에 올려놓고 자신의 후배들과 친구들을 불러서 식사를 한 것이다.

"선배 여기 편지 왔네요."

아무것도 모르는 하숙하는 여학생이 마루에 편지를 발견하고 그것을 녀석에게 주기 위해 집어 들었다.

"혜숙아, 편지 네가 집었으니까 네가 책임져라. 그 녀석이 군대에 있는데 여자 친구 좀 소개해 달라고 난리다."

친구의 짓궂은 장난에 여학생은 호기심 반 진심 반을 섞은 편지를 보내 내게 전후 사정을 알렸다. 그때부터 나와 여학생의 펜팔이 시작되었다. 그 사람이 바로 지금의 나의 아내 이혜숙이다.

아내는 당시 인천시청 도시계획과에 근무하고 있었으며 너무나 현명하고 성실한 사람이었다. 나는 소소한 일상부터 지금까지의 삶 그리고 미래의 삶에 대해서 주저리주저리 편지를 썼다. 아내도 꼬박꼬박 내게 답장을 해 주며 자신의 일상과 안부 등을 전해 왔다.

제대 후 처음 아내를 만나던 날, 가진 것은 없지만 언제나 자신감은 충만한 삶이었는데 어찌나 떨리던지 물만 들이켰던 기억이 생생하다. 이후 아내는 나로 인해 많은 것을 희생하며 고생이란 고생은 다 겪었다.

언제나 내 의견을 존중해 주고 나를 인정해 주는 아내는 든든한 지원이 있어 지금의 내가 존재한다는 것을 다시 한번 말하고 싶다. 세상이 힘들고 지쳐도 자신을 믿고 따라 주는 한 사람이 있다면 그 사람을 위해 다시 용기를 내고 다시 일어서는 것이 사랑이라는 걸 나는 아내를 통해서 알게 되었다고 해도 과언이 아니다.

당시 군에 입대한 남자라면 옛날이나 지금이나 제대를 손꼽아 기다릴 것이다. 자신을 반겨 줄 가족과 친지들이 있는 곳으로 돌아가 새로운 미래를 설계하며 평범하게 살아가면 되지만 나는 상황이 달랐다.

세끼 꼬박 먹여 주고 재워 주던 군대를 제대하고 나니 다시 또 지긋지긋한 가난만이 나를 기다리고 있었다. 무엇을 해야 할지 어떻게 살아가야 할지 막막했다. 잠시 고향으로 내려갈까도 생각했지만, 간다고 무슨 뾰족한 수가 있겠는가? 어딜 가든 마찬가지라고 생각했던 나는 제2의 고향이 되어 버린 인천으로 발길을 옮겼다.

가장 큰 이유는 편지를 주고받으며 사랑을 싹틔운 사랑하는 사람이 있는 곳이고 또 야간 학부지만 그래도 중고등학교 친구들이 있는 곳이니 무엇이든 할 수 있을 것 같은 생각이 들었다. 나는 한동안 어떤 일을 하며 살아갈지 많은 고민을 했다.

'그래, 책 장사를 해 보자. 책을 팔면서 책을 볼 수도 있으니 일석이조가 아닌가.'

나는 당시 내가 모은 돈과 고등학교 동창인 유병두에게 오만 원을 빌려 당시 동인천 명 다방 처마 밑에서 리어카를 끌고 책 장사를 시작했다. 책들을 사과 궤짝에 열을 맞춰 진열해 놓고 파는 참으로 볼품없는 광경이지만 이름만은 링컨 책방이라고 크게 써 놓았다.

책방 이름을 링컨 책방이라고 지은 이유는 당시까지 내가 읽었던 책 속의 인물 중 링컨이 가장 나에게 깊은 감동의 울림을 주었기 때문이다.

특히 어린 시절 극도로 가난한 집에서 태어나 정규 교육도 제대로 받지 못한 상황에서도 배움과 지식에 대한 갈망을 포기하지 않고 책을 빌려 읽기 위해 수 킬로미터를 마다치 않고 달려갔다는 일화들은 내게 큰 교훈을 주었다. 책을 파는 일은 생각보다 쉽지가 않았다. 물론 손님이 없을 때면 앉아서 책을 볼 수 있다는 큰 장점도 있었다. 하루에 20권씩 팔리는 날도 있었으나 잘 팔리지 않는 날들이 더 많았다.

책이 팔리지 않아 풀이 죽어 있는 날이면 이상하게 아내가 나타나 내게 힘과 용기를 북돋아 주었다. 아내는 직장을 마치면 자주 내가 일하는 곳으로 찾아왔는데 함께 책 진열도 하고 장사도 도와주었다. 또 어떤 날은 자신의 직장 동료들에게 책을 권하여 내 책방에서 팔아 주기도 했다. 당시 아내는 마치 어디서나 나를 지켜 주는 수호천사와 같은 존재였다.

책 장사를 일 년 정도 하다 보니 책은 마음껏 읽을 수 있었으나 돈이 모이지 않았다. 게다가 아내를 사랑하는 마음이 깊어져 결혼을 하고 싶다는 생각이 들었으나 그것도 생각뿐이었다.

누가 금이야 옥이야 정성 들여 키운 딸을 나같이 아무것도 가진 것 없는 놈에게 준단 말인가? 직장이 있는 것도 아니고 벌어놓은 돈이 있는 것도 아니니 아무래도 나는 신랑감으로는 빵점이었다.

물론 아내는 내가 하는 일에 대해 한 번도 부끄럽게 생각한 적이 없다고 말했지만, 나는 내 스스로가 면목이 없어 책 장사를 그만두고 호남정유대리점인 삼경석유(현 GS칼텍스)에 입사했다.

세일즈맨의 생활이었으나 그래도 직장이 있으니 어른들께 인사를 드릴 수 있는 용기가 생겼다. 일 년 동안 회사 생활을 하고 틈이 날 때마다 쉬지 않고 일을 하며 돈을 모았던 나는 아내와의 2년여 간의 연애 끝에 아내의 부모님께 인사를 드리러 갔다.

아내의 부모님이 계신 영종도로 가서 첫 인사를 드리던 날 나는 어떠한 미사여구도 없이 단도직입적으로 아내를 달라고 말했다. 아내가 물건도 아닌데 처음 보는 놈이 참 허무맹랑하다고 생각했을 법도 했건만 장인어른과 장모님은 내 자신감이 마음에

든다며 흔쾌히 결혼을 승낙해 주셨다.

　훗날에 알게 된 일이지만 아내가 틈날 때마다 나에 대해서 많은 이야기를 하여 장인어른과 장모님께서는 내가 방문하기 전 어느 정도는 마음의 준비를 하셨다고 한다. 그렇게 나는 사랑하는 아내 이혜숙과 꿈만 같은 결혼 생활을 시작했다. 어떠한 시련이 닥쳐온다 해도 이제는 혼자가 아니라 둘이 함께 지혜를 모아 헤쳐 나갈 수 있다는 안도감이 들었고 그 안도감은 다시 나를 더 부지런하고 강하게 만들어 주었다.

6. 모든 경험은 미래를 향한 발판

 학교가 날로 안정되고 발전하면서 나 또한 나태해지고 편안한 삶을 추구할 수 있었으나 여전히 내 심장은 불우한 사람들을 위해 요동치고 있었다.

 심장이 이끄는 대로 인천 교육의 발전과 지역 복지를 좀 더 확충하고자 나섰던 시의원 선거에서는 무소속 후보로 쓰디쓴 좌절도 맛보았다. 그러나 포기하지 않았다. 오로지 차선책을 찾아 동분서주 열심히 뛰어다니고 연구했을 뿐이다. 그리고 나처럼 배움의 기회를 너무나도 갈망하였으나 끝끝내 기회를 놓치고 가슴속에 깊은 배움의 한을 간직한 채 살아가는 사람들이 너무나도 많다는 것을 다시 한번 알게 되었다.

 나는 1999년 고교 과정에 주부 16명을 모집하여 시범 운영을 해 보았다. 전쟁으로 인해 배움의 기회를 잃어버린 분들부터 남녀 간의 평등 의식이 부족했던 시대에 살았던 분들 그리고 부모를 일찍 여윈 탓으로 동생 뒷바라지에 매달려야 했던 분들까지 참으로 눈물겨운 사연들이 많았다. 그랬다. 내가 나이를 먹는다는 것을 망각하고 오로지 배우지 못했던 어린 시절에서 기억이 멈춰 그 또래의 학생들만 생각했던 것이었다.

내가 배우고 싶어도 배우지 못한 시절에 나보다 더 불행하고 나보다 더 간절하게 배움을 원했던 사람들이 있었던 것이다. 지금이라도 그 사람들의 한을 풀어 줘야겠다고 생각한 나는 2000년 3월 2일 인천 최초로 만학도를 위한 성인 중고등반을 개설하고 입학식을 거행하였다.

20대부터 70대까지 저마다의 사연을 가슴에 안고 눈물을 흘리며 학교에 오신 분들을 한 분 한 분 마주하니 나도 모르게 가슴이 뜨거워지고 눈가에 이슬이 맺혔다. 수십 년의 여정을 돌아 다시 책걸상 앞에 앉은 그분들의 심정은 그 어떠한 말로도 형용할 수 없는 벅찬 감동이었을 것이다.

그렇게 성인반을 시작한 지 십여 년이 흘렀다. 그동안 6천여 분의 어르신들이 배움의 한을 풀었고 아름다운 추억들을 간직한 채 일상으로 돌아가셨다. 기억에 남는 분들이 참으로 많다.

장애를 가진 딸을 휠체어에 태워 함께 등교하여 대학까지 입학한 모녀, 배를 타고 학교에 등교했던 부부 졸업생, 공부로 암을 이겨 낸 분, 이름만 대면 알 만한 유명 인사들을 자제로 두신 분들, 지역 사회를 이끌어 나가시는 분들 등 일일이 나열할 수 없을 정도로 훌륭한 분들이 많이 계셨다. 그리고 이 모든 분들의 공통점은 한결같이 남인천중고등학교를 졸업했다는 것을 자랑스럽게 여기신다는 것이다. 참으로 감사한 일이다.

졸업 즈음에는 성인 학생들을 가르치는 교사들이 오히려 그분들에게 더 많은 것을 배웠다며 감사해한다. 이 얼마나 아름다운 광경인가? 성인 학생들은 몰랐던 지식을 가르쳐 주며 감사하고 스승은 몸소 체험한 생활 속의 경험과 연륜들을 보여 준 성인 학생들에게 감사하며 서로 맞절도 하고 안아 주며 눈물을 흘리니 말이다.

여건이 허락한다면 오래도록 성인 학생들을 모집하고 싶다. 세상의 모든 분들이 가난으로 인해 배우지 못했던 한을 풀 때까지 말이다.

그리고 당부의 말도 전하고 싶다. 어쩔 수 없는 여건들로 인해 배우지 못한 것은 부끄러운 것이 아니며, 도전하지 않고 포기하는 것이야말로 진정 부끄러운 일이라고 말이다.

7. 매일 상상하는 내 인생의 하이라이트

　세상의 모든 일은 물 흐르듯 흘러간다. 보내고 싶지 않은 행복한 순간들도, 영원히 끝나지 않을 것 같은 고통의 시간들도 언젠가는 물 흐르듯 흘러갈 뿐이다. 그래서 나는 그 순간을 즐기라고 말하고 싶다. 뒤돌아보면 아무것도 아니다. 행복이 오면 최선을 다해 그 순간을 즐기고, 불행이 오면 있는 그대로 받아들이고 슬퍼하면 되는 것이다. 어차피 행복과 불행은 동전의 양면과 같아 누군가가 행복한 만큼 누군가는 불행할 수밖에 없는 것이다.

　요즘 사람들은 왜 나에게만 이라는 생각을 많이 한다. 그러나 나에게는 항상 행복만 올 것이라는 착각, 나에게는 항상 불행한 일만 생긴다는 불평을 할 필요가 없다.

　그렇다고 내 말이 모두 진리라는 것은 아니다. 다만, 인생을 살며 행복과 불행을 모두 겪은 내가 이제야 조금 인생에 대해 깨달은 것이 있어 하는 말이다.

　사실 나는 내세울 것도 없고 잘난 것도 없다. 단지 나는 가난 때문에 피눈물을 흘리면서도 흔들리지 않았다. 가난하지만 부지런하기만 하면 성공할 수 있다는 생각을 항상 가슴속에 새기며 살았기 때문이다.

생각해 보라. 충북 괴산 두메산골에서 태어난 촌놈이 빈손으로 이렇게 학교와 종합복지관을 경영하기까지 그 얼마나 숱한 역경을 겪었겠는가? 모두가 내 인생 역정의 이야기에 귀 기울일 필요는 없겠지만 가난이 힘들어 모든 것을 포기하고 싶은 사람이라면 내 이야기를 읽고 가슴으로 느끼고 포기해도 늦지 않을 것이다. 그러한 사람들을 위해 부끄럽지만 솔직하고 당당하게 내가 살아온 삶의 흔적들을 적어 내고 싶다.

아름다운 미사여구보다는 투박하고 있는 그대로를 솔직하게 드러내는 것이 매순간 삶의 소중함을 느끼는 순간이 아닐까 생각한다.

Epilogue:
아직 남아 있는 꿈의 조각

오늘 나는 내 인생의 자서전에 마침표를 찍으려 한다. 중학교 시절부터 매일같이 일기를 써 온 나였지만 일 년여간의 일기를 정리하고 아픈 기억들을 끄집어내어 한 권의 책으로 만드는 것은 쉽지 않은 일이었다.

그러나 나 같이 아무것도 가진 것 없었던 놈도 참고 견디어 내니 내 이야기를 추억할 수 있는 시간이 온 것처럼 가난해도 부지런하다면 그 언젠가는 희망의 빛이 올 거라고 말해 주고 싶었다.

흔들리지 않은 삶이란 존재하지 않는다.
흔들릴 수도 있다.
흔들려도 포기하지 않는 다면 언제든 다시 중심을 잡고 나아가는 것이 인생이다.

아직도 수많은 과제들과 숙제가 나를 기다리고 있다.

특히 평생 교육 시설 학교의 학생들에 대한 차별과 처우 개선은 시급히 해결해야 할 문제이다.

처음 내가 학교를 세운 이유는 정규 교육 기회에 접근하기 어려운 교육 소외 계층에게 배움의 기회를 제공하기 위한 것이 그 목적이었다. 이는 정책적으로 설립된 정규 학교와는 그 출발부터 다른 성격을 지니고 있음에도 불구하고 법의 잣대로만 해석하여 학교를 풍비박산 내려 하고 있다.

학력 인정 평생 교육 시설 학교는 분명히 일반 학교는 아니다. 다만, 학력 인정 평생 교육 시설 학교는 일반 학교에 준하는 교육 과정을 통해 일반 학교가 감당할 수 없었던 부분, 그렇지만 의당 했어야 할 역할을 대신해 왔던 것이다. 그러므로 학력 인정 평생 교육 시설 학교는 좀 더 큰 맥락에서 보면 일반 학교의 기능 보완하는 역할을 하고 있는 것인데 이제 와 그간의 노력을 인정해 주지 않은 국가가 야속한 감이 있다.

그러나 나는 포기하지 않을 것이며 더욱 앞으로 나아갈 것이다. 넓은 초원 위를 끝없이 달리는 푸른 말처럼 지치지 않고 계속 도전할 것이다. 올해 이루지 못한다면 내년에도 또 다시 도전하면 되는 것이다.

포기하지 않고 도전하는 삶이야 말로 심장이 쉼 없이 뛰는 증거이며, 아름다운 삶이란 증거이다. 끝으로 지금까지 나를 믿고 지지해 준 사랑하는 나의 아내와 가족들 그리고 남인천중고등학교 및 사회 복지관 소속 가족들에게 진심으로 감사하다는 말을 끝으로 책을 마치도록 하겠다.

부록

충북 괴산군 사리면 생가

충북 괴산군 어린 시절

삶의 희망이 생겼던 영화중학교(현 대건중학교) 시절

영화중학교 시절

12사단 65포병연대 작전병 시절

학교 신축 기공식

자녀들과 함께 일상

아내와 함께한 시절

남인천새마을여자실업고등학교 현판식 직후 기념 촬영 모습

초창기 남인천중고등학교

1984년 9월 20일 남인천새마을여자실업고등학교 교사 이전 현판식

남인천새마을여자실업고등학교 교사 이전 현판식

남인천새마을여자실업고등학교 입학식
& 남인천여자실업고등학교 자매 결연 사진

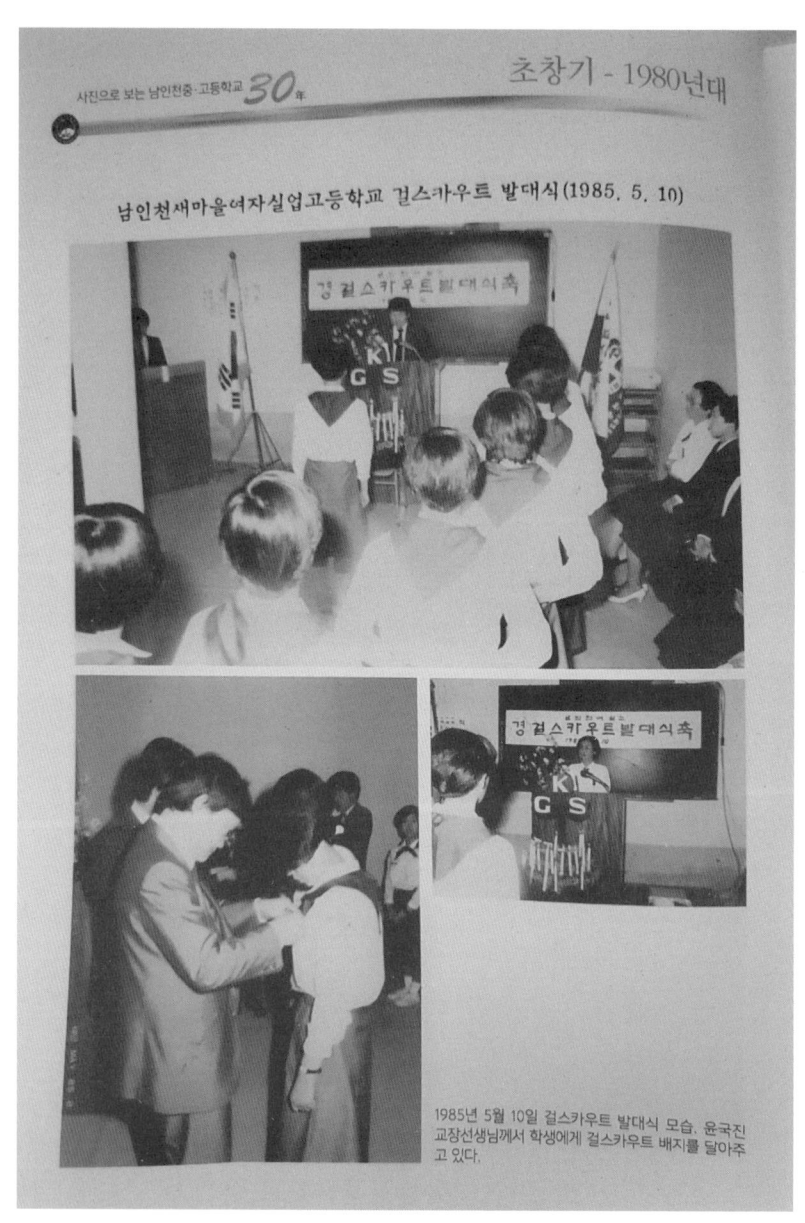

남인천새마을여자실업고등학교 걸스카우트 발대식

남인천새마을여자실업고등학교 체육대회,
영락원 방문 및 합창 경연 대회

제10회 인천시민대상, 제9회 인천교육대상 시상식

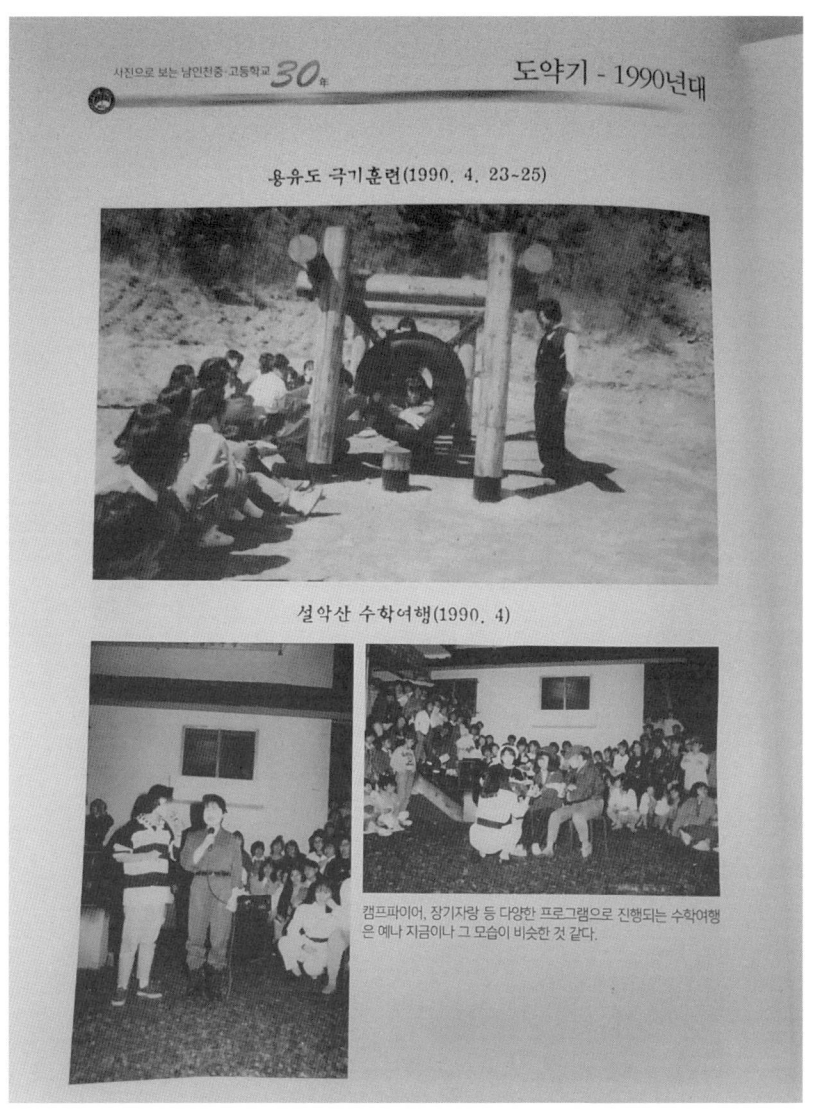

용유도 극기훈련 & 설악산 수학여행

백암예술제

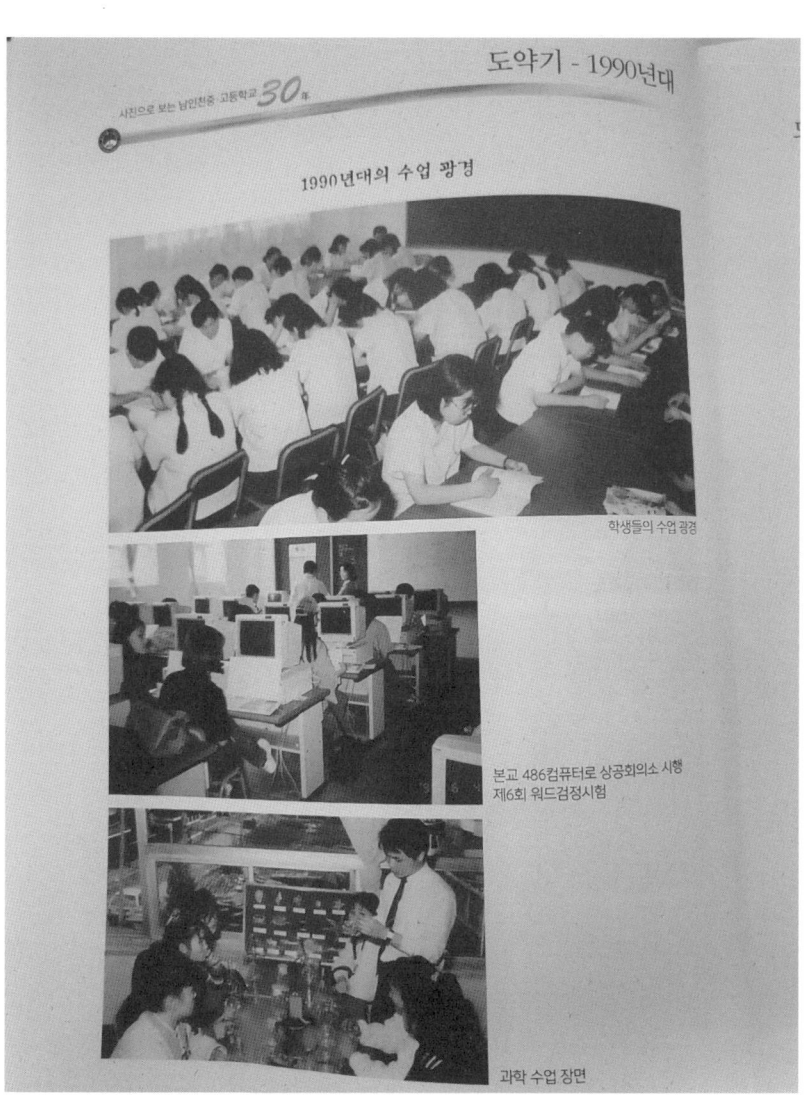

1990년대 수업 광경

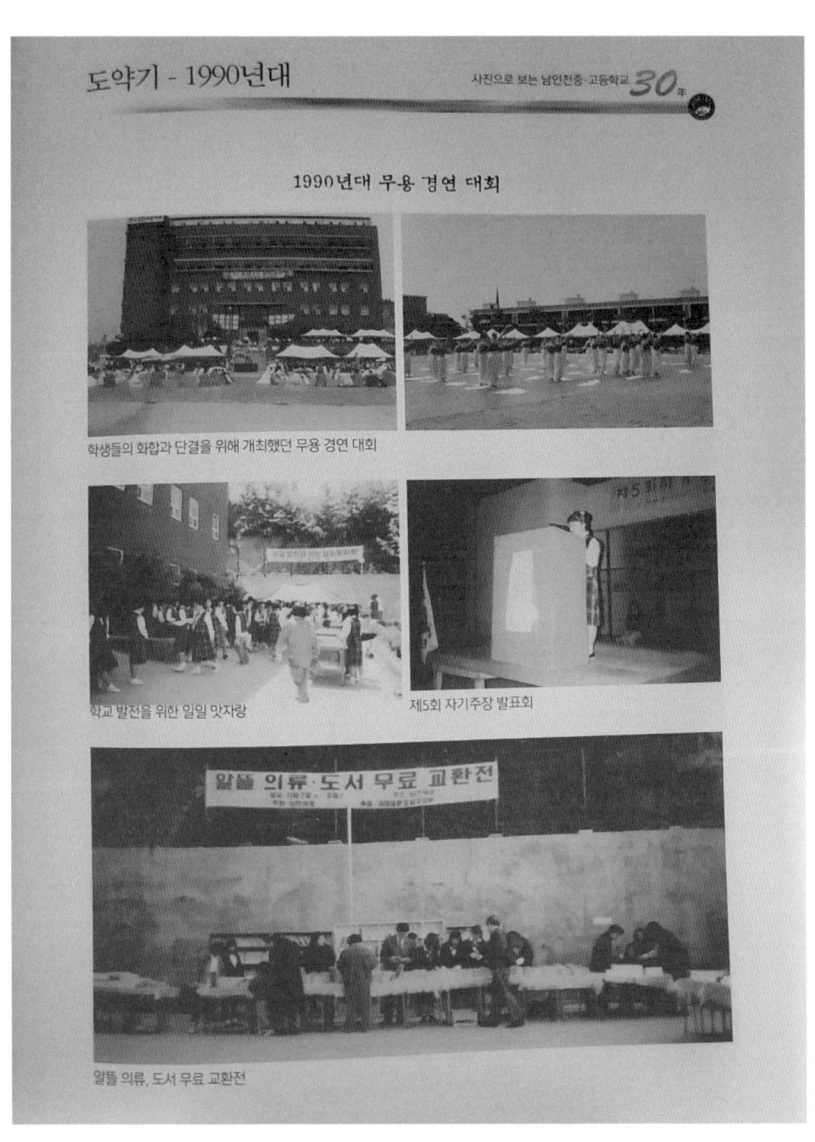

1990년대 무용 경연 대회

중흥기 - 2000년대

한명숙 국무총리의 학교 방문(2007년 2월)

2007년 2월 졸업식에 참여한 한명숙 국무총리

한명숙 국무총리의 학교 방문

조리과학관 준공식

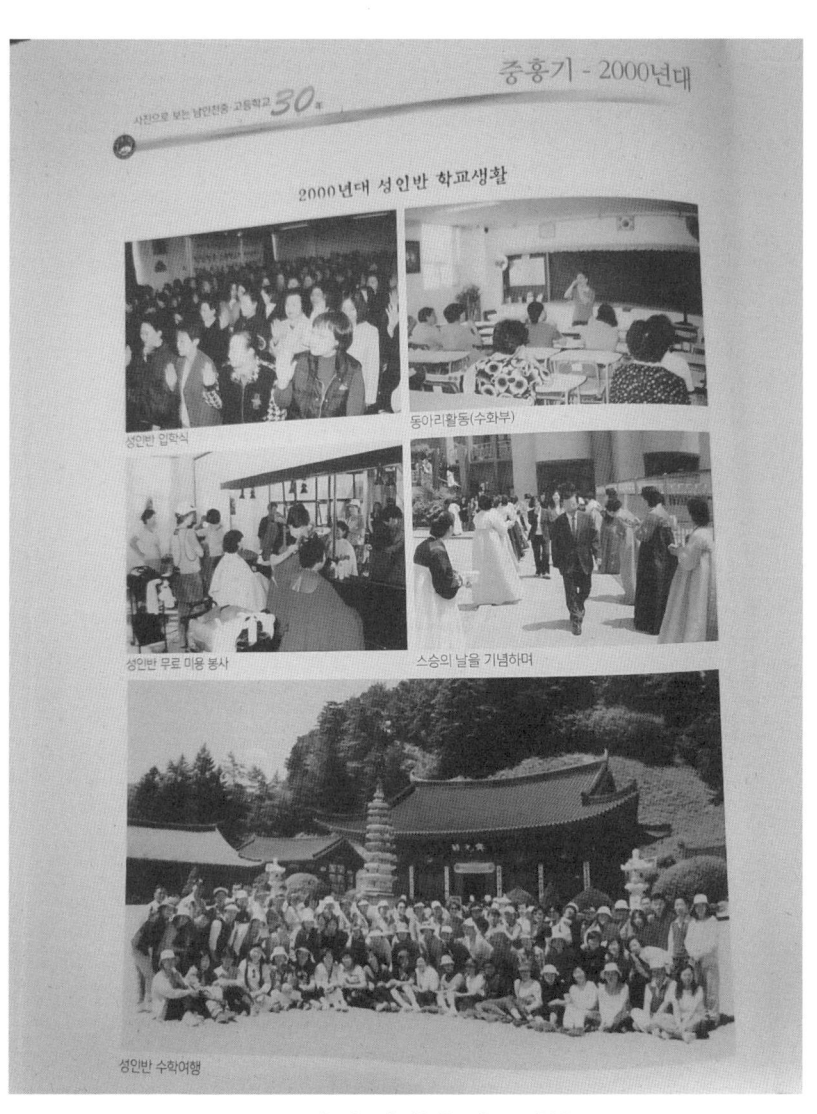

2000년대 성인반 학교생활

학생들의 체육대회

백암예술제

헬스부

입학식

동문들과 활동

발전기 - 2010년대

2014인천아시안게임 서포터즈 활동(2014. 9. 25)

인천그린뷰티박람회 참가(2014. 3. 27)

2014년 배근숙(요리연구가) 초청 특강(2014. 4. 11)

그 외 활동

발전기 - 2010년대 사진으로 보는 남인천중·고등학교 30주

2014 체험학습(에버랜드, 호암미술관, 캐리비안베이 · 2014. 9. 17~18)

2014학년도 조회 후 전교생 기념 사진 촬영

전교생 기념 촬영

기사 리스트

1. 윤국진 남인천중·고 교장, 국민포장 수상

- 한경사회, 2018.02.01.

"어려운 환경 속에서도 면학의 끈을 놓지 않는 실업학교 졸업생들도 당연히 학력을 인정받아야 합니다."

1984년 사재를 털어 남인천새마을여자실업학교를 세운 윤국진 현 백암재단 이사장은 여학생들이 어려운 환경 속에서 공부를 계속해도 실업학교 졸업생은 정식학력으로 인정받지 못한다는 사실에 항상 안타까워했다.

그는 1987년 노태우 민주정의당 총재를 직접 찾아가 새마을 실업학교의 학력 인정 당위성을 건의하게 된다. 백암재단 관계자는 "노태우 후보는 대선에서 실업학교의 정식학력 인정을 선거 공약으로 채택하는 등 전국 사회교육시설의 졸업생들이 중고교 졸업장을 받는 계기가 됐다."라고 말했다.

윤국진 남인천중·고교 교장 겸 사회복지법인 백암재단 이사장이 31일 행정안전부가 주관하는 국민추천포상 시상식에서 '국민포장' 수상자로 선정됐다. 가정 형편이 어려운 청소년과 만학도를 위한 교육 기회 제공, 지역 사회 복지 사업에 이바지한 공로를 인정받았다.

실업학교 설립으로 시작한 교육 사업은 현재 청소년 770명과 성인 561명 등 총 1331명이 재학하는 남인천중고로 성장했다. 어려운 가정환경으로 배움의 기회가 없었던 근로 청소년들과 제때 못 배운 성인들의 한을 풀어 주는 교육 과정도 설립돼 있다.

1988년에는 개인 재산을 출연해 사회복지법인 백암재단을 설립했다. 독거노인 경로잔치, 소년소녀 가장과 저소득층 지원, 취약 계층의 의료·학업 지원 등 다양한 복지 사업을 펼치고 있다.

2. 윤국진 교장, 행안부 '국민추천포상' 영예

- 경인일보, 2018.01.31.

남인천중·고등학교 윤국진(사진) 교장이 행정안전부가 주관하는 '국민추천포상'에서 국민포장 수상자로 선정됐다.

학교 설립자이기도 한 윤 교장은 만학도를 위한 정규 중고등반을 개설해 운영하며 교육 분야에 이바지한 공로를 인정받았다.

지난 1984년 학생 7명으로 시작한 남인천실업학교는 현재 37학급 천4백여 명이 재학 중인 남인천중고로 성장했다.

윤 교장은 1988년에는 사회복지법인 '백암 한마음 봉사회'를 설립해 지역 사회를 위한 다양한 복지 활동을 활발하게 펼치고 있다.

윤국진 교장은 "아직도 인천에는 고등학교를 졸업하지 못한 사람이 50만 명이 넘는다."라며 "앞으로 이 사람들이 배움의 꿈을 펼칠 수 있도록 최선을 다하겠다."라고 말했다. 시상식은 31일 오후 2시 30분 정부서울청사에서 열린다.

3. 윤국진 남인천中·高 교장 '참봉사대상'

- 경인일보, 2015.09.22.

남인천중·고등학교 윤국진(사진) 교장이 '대한민국 참봉사대상' 교육공로 부문 대상 수상자로 선정됐다.

윤 교장은 지난 1984년 '남인천 새마을 학교'를 설립했고, 1999년 만학도를 위한 정규 중고등반을 개설한 공로를 인정받았다.

윤 교장은 "아직도 인천에는 고등학교를 졸업하지 못한 사람이

50만 명이 넘는다."라며 "앞으로 이 사람들이 배움의 꿈을 펼칠 수 있도록 최선을 다하겠다."라고 말했다.

시상식은 다음 달 5일 국회 헌정기념관에서 거행된다.

4. [인터뷰… 공감]
'성인 대상 정규 중고교 과정 운영'
남인천중·고 윤국진 교장

늦깎이 학생 배움터 세워

배움의 한 풀어준 공로

대한민국 국민포장

내가 아닌 학교가 받는 것

- 경인일보, 2018.02.14.

배움에 한 맺힌 그의 불우한 어린 시절이 없었다면 아마 지금 인천에는 '만학도(晩學徒)'들을 위한 학교는 없었을 것이다.

신포동에서 '메리야스' 장사를 하던 청년은 그 옛날 학교 문턱도 밟지 못했던 '공순이'들을 위해 학교를 세웠고, 30여 년이 지난 지금 늦깎이 학생들의 배움터를 지키고 있다.

인천 유일의 학력 인증 평생 학습 기관 '남인천중·고등학교' 윤국진(73) 교장은 "단 1명의 만학도가 있더라도 학교는 계속 존재해야 한다."라고 말했다.

그는 인천 최초 성인 대상 정규 중고교 과정을 개설해 배움에 목말랐던 만학도의 꿈을 이뤄 준 공로를 인정받아 지난 1월 31일 대한민국 '국민포장'을 수상했다.

국민 훈장에 준하는 국민포장은 각계각층에서 묵묵히 국민을 위해 헌신한 유공자에 수여하는 포상으로 대통령 표창보다 한 단계 높다.

윤 교장은 해방을 한 해 앞둔 1945년 충북 괴산의 농촌에서 10마지기의 논과 2천 평의 밭을 가진 부농의 늦둥이 막내아들로 태어났다.

남부러울 것 없던 그의 유년기는 한국 전쟁 당시 아버지가 병으로 돌아가시면서 산산조각 났다. 제대하고 돌아온 형은 집과 땅을 몰래 팔아 치웠고 윤 교장은 어머니, 누나와 함께 말 그대로 길바닥에 나앉게 됐다.

"학교는 다녔는데 점심을 싸 가지 못하니까 물로 배를 채우고, 결국에는 수업료를 내지도 못해 국민학교 졸업장도 따지 못했어요. 누나와 산에 가서 땔감용 솔방울을 따다가 8㎞ 떨어진 증평에 팔면서 끼니를 때웠죠. 엎친 데 덮친 격으로 어머니도 충격으로 정신병에 걸리셔서 '왜 어린 나에게 이런 시련을 주나' 하늘을 원망했어요."

인천 유일의 학력인정 평생 학습 기관인 '남인천중·고등학교' 윤국진 교장이 인천시 남구 학익동 학교 현관에서 "단 1명의 만학도가 있더라도 학교는 계속 존재해야 한다."라며 학교의 의미를 설명하고 있다.

공부를 너무 하고 싶었지만 먹고 사는 게 우선이었다.

보리쌀과 풀죽을 쑤어 먹으며 살았던 그는 어머니를 시집간 누나의 집에 맡기고 13살의 나이에 무작정 고향을 떠났다.

인천에 먼저 올라가 자리를 잡았다는 동네 형이 고향에 내려와서는 "인천에 오면 취직도 시켜 주고 먹고 살게 해 주겠다."라고 제안했다.

하지만 함께 인천에 가자고 했던 형은 연락을 끊고 사라졌고, 먼 친척에게서 150환을 얻어 인천으로 떠났다.

"기차표를 사려니까 돈이 부족해 영등포행 표를 산 뒤 인천까지 무임승차로 가다가 역무원에게 걸렸어요. 이를 딱하게 여긴 동인천역 역무원이 하루를 재워 주고 역전에서 신문보급소를 하는 지인을 소개해 줘 그때부터 신문 배달을 시작했지요."

1984년 7월 20일 윤국진 교장이 부인 이혜숙 여사와 함께 인천 중구 선린동 남인천새마을실업고등학교 현판을 달고 있다. (윤국진 교장 제공)

그 뒤로 윤 교장은 해 보지 않은 일이 없었다. 과자 공장, 구두닦이, 도넛가게 점원, 우유 배달, 신문 배달 등 그 나이에 할 수 있는 돈 되는 일은 다 했다.

"열심히 일해서 돈 벌면 공부를 하겠다."는 핑계로 배움을 잊고 살던 그에게 지나던 대학생이 건넨 말이 인생의 전환점이 됐다. "돈 벌어서 한다는 놈치고 공부하는 놈을 못 봤다."는 말이 비수처럼 마음에 꽂혔다.

인천 중구 선린동 연립 주택을 개조해 설립한 학교 전경. (윤국진 교장 제공)

윤 교장은 대학생 형이 소개해 준 독학 교과서인 '서울강의록'으로 공부하기 시작했다. 도넛가게에서 손님으로 만난 고학생을 따라 경동사거리의 한 교습소에서 공부했다. 고아가 된 학생, 섬에서 온 학생, 사연은 제각각이었지만 일과 공부를 병행하면서 꿈을 키우는 소년들이었다.

구두를 닦으면서도 책을 펼쳐 놓고 공부하는 윤 교장을 우연히 본 당시 영화중고등학교(현 대건고등학교) 교사가 야간학부로 오라고 했다. 우여곡절 끝에 학업을 이어 가 송도고등학교를 졸업하니 23살이 됐고 군 입대를 하게 됐다.

제대 후 아내를 만나 결혼한 그는 가난으로 학교에 다니지 못하는 불우 청소년을 가르치는 학교를 세우겠다고 결심했다.

"직장을 다니기는 했는데 월급으로는 턱도 없으니 사업을 해서 돈을 벌어야겠다고 생각했어요. 1970년 당시 코오롱에서 나오던 '메리야스'인 '88나이롱'을 구로동에서 가져다 신포시장에 싸니 잘 팔렸었죠." 10년 뒤 그는 '현대의류백화점'이라는 번듯한 의류판매업소를 열어 제법 큰돈을 벌었다.

윤 교장은 1984년 7월 중구 선린동 인천역 앞에 있는 2층 규모 연립주택을 학교로 개조해 '남인천새마을여자실업고등학교'

를 설립했다. 오랜 꿈을 이룬 순간이다.

새마을금고에서 운영하는 학교를 인수해 '공순이'라고 불리던 근로 청소년에게 학업의 기회를 제공하게 된 것이다. 4개의 교실과 기숙사를 만들고 10명의 교사를 채용했다. 사재를 털어 타자기와 실습기자재를 사들였고 은행 대출을 받아 학교를 운영했다.

문제는 근로 청소년들의 졸업장이었다. 이들은 학교를 수료해도 학력인정을 받지 못해 검정고시를 통과해야 중·고교 졸업장을 받을 수 있었다.

"당시 정권 실세였던 노태우 민정당 대표의 종로 사무실을 막무가내로 찾아갔어요. 비슷한 처지인 부산부경보건고교 권성태 교장과 함께 우리 같은 사회교육시설도 학력을 인정해 달라고 요청했죠. 결국, 대통령 공약 사항에 포함됐고 1986년부터는 검정고시 없이도 학력인정을 받는 학교로 탈바꿈할 수 있었어요."

학생 수가 점차 늘어나 선린동 연립 주택으로는 8백여 명의 학생을 감당할 수 없었다. 용현동의 쇼핑센터를 빌려 학교로 사용하다가 1990년 남구 학익동 지금의 학교 부지(6천890㎡)로 이전하게 됐다. 사회복지법인을 설립한 뒤 국유지를 매입해 복지관과 학교 건물을 지었다.

복지법인 전 재산은 사회에 환원했다. 이어 문교부로부터 전 과목 학력 인정을 받아 교명을 남인여자상업고등학교 개명했다.

학교가 점차 자리 잡자 그는 배움의 기회를 놓친 장년층에게도 졸업장을 딸 기회를 주고자 했다. 여자라서 또는 막내라서 학교에 다니지 못했던 무학(無學)의 한을 풀어 주고자 했던 것이다.

만학도의 꿈을 이룰 성인 대상 정규 중·고교 과정은 1999년 개설됐다. 인천 최초의 성인 대상 학력 인증 학교였다.

> 안 해본 일 없는 어린시절 '돈 벌면 해야지'는 핑계인 걸 깨닫고 공부 시작
> 의류사업으로 성공한 후 1984년 사재 털어 근로청소년들 위한 학교 건립
> 2000년부터 어른 학생 5700명 졸업… 인천대 전문학사 취득·편입 기회 열어

"1950~60년대 사람들은 가난 때문에 못 배운 사람이 많은데 부끄러워서 이를 밝히지도 못하고, 안타깝게 살아가는 모습을

많이 봤어요. 내 또래 어른들에게도 배움의 기회를 주자는 생각에 성인반을 개설하게 됐죠."

1년 3학기제의 단기 코스로 교육청 인가를 받아 2년 과정의 중·고교반을 개설했다. 2000년부터 지난해까지 5천7백 명의 성인 학생을 배출해 이들이 제2의 인생을 살도록 도왔다.

특히, 올해부터는 인천대학교 평생교육원과의 업무 협약 체결로 남인천중고등학교 졸업생이 인천대에서 전문학사 취득과 학사 과정 편입의 기회를 얻을 수 있게 됐다.

윤 교장은 건강을 유독 챙긴다. 자신이 없으면 학교가 운영되지 않기 때문에 최대한 오랫동안 건강하게 살아야 한다는 의무감 때문이다. 학력 인정 평생 교육 시설인 학교의 인가를 윤 교장 개인 명의로 받았고, 이는 승계가 되지 않기 때문에 윤 교장이 곧 학교를 의미한다.

마라톤 풀코스를 5번이나 완주할 정도로 운동광인 그는 관교동 집에서 학익동까지 매일 걸어서 출퇴근한다.

"인천에 중·고등학교 졸업장이 없는 사람이 단 한 명이라도 있다면 저는 학교를 운영해야 합니다. 이번에 받은 국민포장은 저에게 주는 상이 아니라 배움의 한을 풀어 준 우리 학교, 학교 구성원에게 주는 상이라고 생각해요. 여기에 그치지 않고 '상록수' 정신으로 더 정진하라는 의미로 받아들이고 있습니다. 죽을 때까지 해야죠."

5. '어르신 394명, 배움의 한 풀고 당당히 졸업장 받는다'...2월2일 남인천중·고 졸업식

평균 연령 65세, 최고령 만 82세...어렵던 시절 학교 못 간 한 풀어

- 2023.01.26., 경인방송

60세 중반이 훨씬 넘는 어른들이 정규 학업을 마치고 당당하게 졸업장을 받게 되는 졸업식(대면)이 코로나19 발생 3년만인 오는 2월 2일 남인천중고교 대강당에서 거행될 예정이어서 관심을 끌고 있습니다.

인천시 미추홀구 학익 1동에 소재한 남인천중고교는 어린 시절 경제적 어려움과 병든 부모와 동생들을 수발하는 등 개인 사정으로 '배우고 싶어도 배울 수 없었던' 성인들이 늦은 나이에 배움에 도전하는 성인들의 학교입니다. 학생들의 평균 연령은 65세이며, 최고령자는 만 82세.

이날 졸업식에는 중학생 155명, 고등학교 239명 등 394명의 만학도들이 배움의 한을 풀고 졸업을 하게 됩니다. 재작년과 작년, 2년간은 온라인 졸업식으로 진행했으나 올해는 대면으로 졸업식이 진행될 예정입니다. 매년 졸업식마다 배움의 한을 풀고 당당히 학력을 인정받는다는 기쁨과 지난 어려웠던 세월의 회상이 복받치면서 눈물바다로 진행되었습니다.

남인천중·고등학교는 설립자 윤국진 교장이 '나처럼 불우한 환경으로 인해 배우고 싶어도 배우지 못하는 저소득층 자녀와 불우 청소년에게 마음껏 공부할 수 있는 항구적인 배움터를 만들어 주겠다.'라는 의지로 세워진 학교입니다. 윤교장은 어린 시절 부모을 여의고 혈혈단신 고향인 충북 괴산에서 차비도 없이 기차 타고 동인천으로 올라와 구두닦이, 신문 배달 제과점 점원 등으로 고학을 하며 중고교를 마쳤습니다. 그 후 신포시장에서 의류 장사로 돈을 모아 학교를 설립, 지금까지 40년간 운영하고 있습니다.

윤 교장은 6.25 전쟁으로 배움의 기회를 잃어버린 사람들부터 남녀 간의 평등 의식이 부족했던 시대에 살았던 사람들, 부모를 일찍 여읜 탓으로 동생을 돌보느라 학교에 다니지 못한 사람들까지 배우고 싶었으나 배울 수 없었던 슬픈 사연을 가진 사람들을 위해 사재를 털어 1984년 7월 20일 학생 7명과 교직원 5명으로 새마을 실업학교를 설립했습니다. 그 후, 2000년 3월 2일 인천 최초로 만학도를 위한 성인 중·고등학교를 개설, 첫 입학식을 거행했습니다.

당시 신문팔이, 구두닦이 공장 남녀 직원 등 20대부터 70대까지 저마다의 사연과 배움에 대한 한을 가슴에 안고 눈물을 흘리며 입학식을 치렀고, 현재는 성인 886명, 교직원 35명의 남인천 중·고등학교로 발전하며 지금까지 만 6천여 명의 동문을 배출했습니다.

포기하지 않고 도전하는 삶이야 말로
심장이 쉼 없이 뛴다는 증거

해바라기는 밝은 빛을 원하지만 어쩔 수 없이 어두운 곳에서 숨 죽여 사는 사람들 많지 않다.
그들에게 희망과 용기의 씨앗을 심어주는 일이 내 평생의 과제라고 생각한다.
지난 날 그 처절한 심정을 몸소 체험한 내가 그 누구보다 그들의 심정을 잘 이해할 수 있을 터이니 말이다.
그들에게 어떠한 일에도 좌절하지 말고 오직 희망이라는 두 글자만 손에 쥐고 달려간다면
언젠가는 성공이라는 결승점에 도달할 것이라고 꼭 말해주고 싶다.

Incheon social welfare center
Namincheon middle & highschool

President   KUK-JIN YUN

**제1장
행사의 시작**

백암 윤국진

해평 윤씨를 말한다
백암 윤국진 교장이 걸어온 길(수기)
가족 소개
사회자 소개
참석 내빈 소개
축하 인사말
작가의 서평
독후감
편지글
출간기념패 전달
가족대표 인사말
백암 윤국진 교장의 감사인사

1 해평 윤씨를 말한다.
[海平尹氏]

해평윤씨는 현재 우리나라에 약 2만 6천 여명이 있으며 시조는 윤군정(尹君正)이다. 그는 고려고종, 원종 때 금자광록대부, 수사공, 좌복야 공부판사(工部判事)를 지내신 분이며 그의 손자 윤석이 고려 충숙왕 때 충근절의 동덕찬화 보정공신, 벽상삼중대광, 도첨의사, 우의정, 판전리사로 해평부원군에 봉해졌다. 그래서 후손들이 해평을 본관으로 하게 된 것이다.

또한 윤두수는 1590년(선조 23년) 공신에 오른 뒤 영의정을 지냈는데 특히 그는 문장과 글씨에 뛰어났다. 그의 다섯 아들도 모두 과거에 급제하고 벼슬에 올랐으며 윤두수는 좌찬성을 지낸 아우 윤조수와 함께 명성을 날려 명문의 대를 이었다. 윤두수의 맏아들인 윤방이는 인조 때 영의정에 올라 부자 영상으로 이름을 떨쳤다. 둘째 윤혼은 지중추부사에 올랐고, 셋째 윤휘가 좌찬성, 넷째 윤훤은 병조판서, 막내인 윤오가 병마절도사에 이르렀다.

그리고 우리 모두가 알고 있는 구운몽의 저자 서포 김만중의 어머니도 해평윤씨 이다. 그녀의 고조부가 바로 윤두수인 것이다. 조부 윤신지는 선조의 부마였으며, 아버지 윤지는 이조참판을 지냈다. 그의 할머니는 선조의 딸인 정혜옹주이다. 김만중의 아버지 김익겸은 1637년 2월22일, 강화성이 함락되자 적에게 유린당하지 않고 충의를 지키기 위해 스스로 목숨을 끊는다. 그때 김익겸은 채 꽃피워보지도 못한 23세의 젊은 나이였다. 그 김익겸에게 시집온 분이 바로 해평 윤씨이다.

"집안이 어려워도 학문을 포기해서는 안 된다. 과부의 자식이니 너희들은 남들보다 두배는 더 공부해야 한다."

윤씨는 이렇게 가르치며 홀로 만기, 만중 형제를 당대 최고의 학자로 키워냈다.

구한말 개화운동에 투신한 좌옹 윤치호도 해평 윤씨이다. 그는 12살 때인 1881년 최연소로 신사유람단에 끼어 일본을 다녀온 뒤 개화사상에 눈을 뜬다. 그 뒤 미국에서 유학을 하고 1883년 한미수호조약 비준 때 통역관으로 귀국한다. 이듬해 갑신정변에 가담했으나 실패하여 미국으로 망명하였다. 1895년 귀국하여 학부협판(學部協辦)이 되고 이듬해 서재필, 이상재, 이승만 등과 독립협회를 조직한 후 1898년 회장이 되고, 독립신문 사장을 겸임하였다. 그 해 종로 네거리에서 만민공동회를 개최하고 시정개혁 6개조를 상소하여 자주독립과 경제번영을 열망하는 민중의 의사를 대변하며 활약했으나 황국협회의 모함을 받아 피신하였고 독립협회도 해산 당했다. 1899년 정부는 윤치호에게 한성판윤을 제수하려 했으나 거절, 덕원부윤으로 나갔다.

1906년 장지연, 윤효정 등과 '교육의 확장과 부강을 도모하여 훗날 독립의 기초를 만들 것'을 목적으로 대한자강회를 조직, 회장이 되어 활약했다. 해방 후에는 친일파로 몰림을 슬퍼하며 자결하였다.

조선시대 과거 급제자는 윤은필(尹殷弼) : 문과(文科) 연산군10년(1504) 별시 일등(一等) 장원급제, 윤택휴(尹澤休, 1687 丁卯生) : 문과(文科) 영조11년(1735) 식년시 갑과(甲科) 장원급제, 윤득경(尹得敬, 1702 壬午生) : 문과(文科) 영조12년(1736) 알성시 갑과(甲科) 장원급제, 윤득우(尹得雨, 1719 己亥生) : 문과(文科) 영조27년(1751) 정시 갑과(甲科) 장원급제, 윤득성(尹得聖, 1699 己卯生) : 문과(文科) 영조45년(1769) 정시 갑과(甲科) 장원급제, 윤치정(尹致鼎, 1764 甲申生) : 문과(文科) 순조1년(1801) 식년시 갑과(甲科) 장원급제, 윤치겸(尹致謙, 1772 壬辰生) : 문과(文科) 순조7년(1807) 식년시 갑과(甲科) 장원급제, 윤승구(尹升求, 1825 乙酉生) : 문과(文科) 고종10년(1873) 식년시 갑과(甲科) 장원급제, 윤횡선(尹宖善, 1832 壬辰生) : 문과(文科) 고종19년(1882) 증광시 갑과(甲科) 장원급제, 윤호(1542 壬寅生) : 문과(文科) 선조9년(1576) 별시 을과(乙科) 등 모두 428명이 있다. 문과 111명, 무과 10명, 사마시 274명, 역과 2명, 의과 21명, 율과 3명, 주학 7명이다.

현대 인물은 해방 이후에 많이 있다. 대표적인 인물로는 바로 대통령을 지낸 윤보선이다. 영국 에든버러 대학을 졸업한 뒤 대한임시의정원의원을 시냈고, 해방 후에는 서울시장, 상공부장관, 3-5대 민의원, 대통령을 역임했었다. 이후 6대 국회의원, 신민당 고문, 국민당 총재, 신민당 총재 상임고문으로 활동했다. 초대 내무부장관을 지낸 윤치영도 한국 현대정치사에서 빼놓을 수 없는 인물이다. 그는 임시정부 구미의원, 제헌의원, 국회부의장, 국정자문위원을 역임했다.

'반달' 등으로 우리에게 친숙한 동요작가 윤극영도 해평윤씨가 배출한 인재중의 한 사람이다. 또한 윤기섭(독립운동가), **윤국진(남인천중·고등학교 이사장)**, 윤유선(의학박사, 국립의료원장), 윤치왕(의학박사, 대한의사협회장), 윤홍섭(철학박사,숙명학원 이사장), 윤원선(경기도지사), 윤덕로(의학박사), 윤명로(동국대교수), 윤복영(의학박사), 윤영구(대한통운이사), 윤치창(주영국대사), 윤영선(농림부장관), 윤주영(문공부장관), 윤백영(서울시 기획관리실장), 윤갑로(인천시장), 윤국로(국회의원), 윤일선(서울대총장), 윤희섭(건국대 축산과교수), 윤형섭(연세대 행정대학원장), 윤홍로(단국대 사대학장), 윤승영(서울고법원장), 윤용구(일동제약,맥슨전자 창립회장), 윤세영(울산탱크터미널사장,태영회장), 윤기로(주식회사 삼호회장), 윤경섭(협성여자상업학교.학교법인 이사장), 윤영구(중앙선거관리위원회 상임위원), 윤탁구(원자력병원장), 윤상구(보림개발주식회사 대표이사), 윤준영(광주.대전지방검찰청 검사장), 윤일영(변호사), 윤만영(육군소장), 윤태영(주식회사 삼부대표이사), 윤두영(서울시공보관), 윤우영(맥슨전자공업 대표이사), 윤형영(대천시장), 윤원영(일동제약 대표이사), 윤홍섭(남대전고등학교.학교법인이사장), 윤원섭(중원토건 대표이사), 윤진섭(진성기업 대표이사), 윤상섭(우주열기공업 대표이사), 윤용섭(서울지법판사), 윤언로(대전지법부장판사), 윤학로(서울지법부장판사), 윤필로(진양공업 대표이사), 윤언로(전남경찰국장), 윤강로(시인), 윤명로(의정부시 산업국장), 윤장로(대전통상주식회사 대표이사), 윤항로(중앙공업 대표이사), 윤경로(대진학원이사장), 윤승진(수원지법판사), 윤강로(부광약품부장), 윤승구(보림개발 전무이사) 등도 빼놓을 수 없는 해평윤씨의 자랑이다. 위에 나열한 순서는 무순서이며 전 현직을 구분하지는 않았다.

항렬자는 24世 영(榮), 25世 섭(燮), 26世 노(老), 27世 진(鎭), 28世 홍(洪), 29世 식(植), 30世 병(炳), 31世 규(圭), 32世 용(鏞), 33世 준(準), 34世 수(秀), 35世 환(煥), 36世 기(起), 37世 호(鎬), 38世 원(源)이다.

주요파는 ▲십오세원파 ▲한성윤공파 ▲청주공파 ▲장령공파 ▲남원공파 ▲아산공파 ▲치천공파 ▲도재공파 ▲장주공파 ▲백사공파 ▲방어사공파 ▲얼정공파 ▲삼방위산공파 ▲사방부사직공파 ▲오방부사직공파 ▲육방처사공파 ▲팔방사직공파 ▲평도공파 ▲창원공파 ▲사인공파 등이다.

본관 해평(海平)은 경상북도 구미시(龜尾市) 해평면 일대에 있던 지역으로 신라의 병정현(竝井縣)이었다가 757년(신라 경덕왕 16)에 파징현(波澄縣)이라 개칭하였다. 940년(고려 태조 23) 해평군(海平郡)으로 개편되어 후에 복주(福州: 安東)가 관할 하였고, 1018년(현종 9)에 상주(尙州)로 이속되었다가, 1143년(인종 21)에는 선산도호부(善山都護府)로 이속되었다. 1415년(태종 5)에 해평현(海平縣)으로 강등된 후 선산군(善山郡)에 폐합되었다. 1978년에 구미읍이 시로 승격하였고 1995년에는 구미시와 선산군이 통합되어 구미시 해평면이 되었다.

집성촌은 충북 괴산군 사리면 소매리, 충남 청양군 장평면 미당리, 황해도 금천군 고동면 덕산리 등이다. 통계청의 인구조사에 의하면 해평윤씨는 1985년에는 총 5,489가구 22,758명, 2000년에는 총 8,225가구 26,341명이 있는 것으로 조사되었다. 15년 만에 3천여 가구, 4천여 명이 늘어났다. 1985년 당시 전국의 지역별 인구 분포는 서울 8,083명, 부산 794명, 대구 607명, 인천 1,059명, 경기 4,258명, 강원 617명, 충북 2,268명, 충남 2,396명, 전북 408명, 전남 958명, 경북 748명, 경남 522명, 제주 39명이다. 서울, 경기, 충남, 충북 지역에 많이 살고 있다. 그 뒤 15년 후인 2000년 현재는 서울 7,645명, 부산 873명, 대구 691명, 인천 1,670명, 광주 368명, 대전 1,008명, 울산 223명, 경기 7,420명, 강원 586명, 충북 2,238명, 충남 1,486명, 전북 309명, 전남 431명, 경북 825명, 경남 502명, 제주 66명이다. 서울, 경기, 충북, 인천, 충남, 대전 지역 등에 많이 살고 있다.

※참고문헌
한국의 성씨-정복규
공부에 미친 16인의 조선 선비들-이수광, 신동민, 박윤정
통계청 인구조사

아래 글은 백암 윤국진 교장이 국토의 2% 가까운 면적이 묘지로 쓰이는 데도 불구하고 묘지난이 가중 되는 현실에서 국토를 좀 더 효율적으로 활용하고자 선조들의 묘를 한 곳으로 이장하며 조상들에게 썼던 글이다. 백암 윤국진 교장은 지금의 자신이 존재하는 것은 모두 조상들의 은덕이라 생각하며 전통적인 방법으로 조상을 모시든, 종교적인 방법으로 조상을 모시든 조상을 잊지 않는 후손들의 미래는 무궁무진할 것이라고 말한다.

〈선조께 드리는 글〉

백마산! 매 바위!

나무로 둘러싸인 풍요로운 산자락!

쪽빛 하늘 아래 날아가는 해동청. 매가 많아 매 바위인가? 매를 닮은 바위가 많아 매 바위 인가?

어린 시절,

어머니 품 같은 흙에서 철따라 피는 꼬부랑 할미꽃, 노랑 개나리, 진분홍 진달래로 눈은 아름다워지고 버들피리 만들어 불며 물고기 잡던 고향 땅. 그 곳의 한 귀퉁이에서 함께 어울려 자치기, 제기차기 숨바꼭질하며 뛰놀던 소꿉친구들.

누구나가 그러하듯 제게 있어 고향은 슬플 때나 괴로울 때면 생각나는 영원한 마음의 휴식처 같은 곳입니다.

농자천하지대본(農者天下地大本)의 교훈 아래 묵묵히 일만 하시던 선친들의 가업을

이어 소작농이나마 이 시간에도 들에 나가 계실 명념께 경의와 감사를 보냄에 주저함 것 없습니다.
 저는 열두 살 되던 해(1957)부터 굶주림에 배를 움켜쥐고 여기저기 수 십리를 헤매며 구걸도 하고 때론 허기로 인해 쓰러져 생사를 넘나들었던 윤국진입니다. 그런 고생이 제 인생의 큰 약이 되어 이제는 저도 남을 위해 봉사를 할 수 있는 자리에 섰습니다.
 1984년 저와 같이 고생하는 불우한 학생들을 위해 남인여자상업고등학교를 교육부로부터 설립인가 받아 현재 졸업생 2,000여명을 사회에 배출 시켰고, 1988년 4월 사회복지법인 백암 한마음 봉사회를 보건사회부로부터 설립인가 받아 지역 영세민들에게 기술교육과 취미교육, 재가복지사업, 무료급식사업, 무료 예식사업을 시작하여 인천직할시의 모든 영세민들에게 사회복지 서비스 혜택을 주고 있습니다.
 부족한 제가 이 모든 일을 할 수 있었던 것은 모두 선친들 도와주셨기 때문이라고 저는 깊게 믿고 있습니다. 하지만 오랜 타향살이에서 오 친들에 대한 불효를 갚을 길이 없어 고심하던 중 1983년 형님과 상의 하여 10대   까지 한 곳에 모시기로 결정하였고 윤달이 낀 다음해 1984년 3월 14일 이른 봄   으로 이장하여 제를 올리게 되었습니다. 선조님들의 묘를 허락 없이 옮긴 것을   며 그 뜻을 기리기 위 작은 정성이나마 이 석물을 제작하였습니다. 좁은 국토   속한 인구팽창으로   가중되는 지금 이렇게 한 곳으로 모신 것은 언제라도 후손들이 찾아볼 수   함이고 더불어 좁은 국토를 효율적으로 활용하기 위함임을 헤아려 주시기 바랍니다.
 저의 이런 뜻이 널리 퍼지길 기대하면서 선친들의 영원한 후광이 자손들에게 길이 길이 퍼지길 기원합니다.
 부디 이곳에서 편히 쉬시며 영생을 누리시길 고대합니다.

서기 1993년 3월 22일
27대손
남인여자상업고등학교 이하
사회복지법인 백암한마음봉사회
설립자 윤 국 진

백암 윤국진 선생님이 걸어온 길
[수 기]

가슴 깊이 묻어둔 나의 생가

나는 충청북도의 정 가운데에 위치한 괴산군에서도 가장 산촌 마을인 소매리에서 태어난 지극히 촌놈이다. 어린시절 동족상잔의 비극인 6.25전쟁으로 인해 아버지를 여의고 어머니마저 병석에 누우시며 가세는 급격히 기울었고 누이와 함께 이 산 저 산을 헤매며 솔방울을 따다 팔아 보리숙으로 목숨을 연명해야 했다. 그러나 배고픔보다 참을 수 없었던 것은 바로 배울 수 없는 고통이었다. 나는 오로지 배우겠다는 일념 하에 동네어르신께 차비를 빌려 혈혈단신 인천행 기차에 몸을 실었으니 그 때 내 나이 겨우 열 세 살이었다.

하루 종일 일을 해도 배고팠던 시절

시련 없는 삶이 무슨 의미가 있으랴 만은 열세 살 어린 소년에게 낯선 인천 땅에서의 생활은 견디기 어려운 고통의 연속이었다. 그러나 나는 포기하지 않았다. 목숨이 끊어질 수도 있는 위기를 여러 차례 넘겼으나 가슴에 아로 새긴 배우겠다는 열망이 나를 악착 같이 버티게 해주었다.

그 열망 하나로 낮에는 구두통을 메고 인현동, 전동, 내경동을 헤매면서 구두를 닦고, 밤에는 쇼빵장수, 새벽에는 우

11

158 | 꿈꾸는 자는 흔들리지 않는다

삶의 희망이 생겼던 영화중학교(현 대건중학교) 시절

유와 신문을 돌리면서 몸이 부서져라 일했다. 그리고 자투리 시간에는 항상 가슴에 꼭 품고 다녔던 서울강의록이라는 통신책자를 꺼내 공부를 하며 향학의 꿈을 불태웠다.
어느 날 통신강의록을 펼쳐 놓은 채 구두를 닦는 모습을 바라보던 영화중학교(현 대건중고등학교) 유흥수 선생님께서 영화중학교 야간학부를 소개해주시며 나는 비로소 배움의 첫 날개를 펼쳤다. 이후 주경야독으로 고등학교와 대학교까지 마치면서 나에게는 큰 목표가 생겼다.

'나처럼 불우한 환경으로 인해 배우고 싶어도 배우지 못하는 저소득층 자녀와 불우 청소년에게 마음껏 공부할 수 있는 항구적인 배움터를 만들어 주리라.'

2사단 65포병연대 작전병 시절

1984년 9월 20일 학교를 개교하며 내 삶의 전부인 아내와 함께한 현판식

이후 군대를 다녀오고 결혼을 하면서 나는 아내와 함께 모은 오 십 만원의 밑천으로 인천시 중구에 위치한 신포시장에서 가게를 빌려 메리야스를 팔았다. 그리고 좌우명을 '크게 쓰기위해 작게 쓰지 않겠다.'로 정하고 아내와 하루 두 끼만을 라면으로 때웠다. 주위 사람들은 구두쇠라는 둥 수전노라는 둥 별의 별 소리를 다했지만 나는 오로지 내 목표만을 생각하며 흔들리지 않았다.

그렇게 앞만 보며 살다보니 어느 새 불혹이라는 나이가 찾아왔고 그 즈음에 내 뜻을 펼칠 신문기사를 하나 접하게 되었다.

더 이상은 미룰 수가 없었다. 내 나이가 문제가 아니었다. 84년 당시 공업화의 급격한 단계에서 늘어나기 시작한 근로청소년이 3백 만 명이 넘는 상황이었는데 그 중 2백만에 가까운 학생들이 중졸 이하의 학력 밖에 되지 않는다는 신문 기사를 접했기 때문이었다.

"여보, 더 이상은 미룰 수가 없구려. 작게나마 학교를 세워 내 뜻을 펼치겠소."

아내는 내 의견에 전적으로 동의해 주었고 나는 당시 중구 선린동(하인천역 앞 올림포스 호텔 건너편)에 위치한 나의 집을 개조하여 학교 교사로 만들었다. 원래 10여 가구가 모여 사는 2층짜리 구식연립주택이었는데 나는 가게를 운영하며 모은 돈을 모두 들여 학교 건물로 바꾸어 버린 것이다.

10여명의 선생님들을 모집하고 9개의 교실과 기숙사도 만들었으며 타자기와 같은 실습 기자재도 들여 놓았다.

수많은 시련 끝에 지금의 학교부지에서 사랑하는 사람들과 함께 한 신축기공식

남들은 학교 같지 않은 건물에 코웃음도 쳤으나 나는 무엇보다 시작이 중요했다. 이렇게 해서 남인천새마을 실업학교가 탄생한 것이다. 원래 남인천새마을 실업학교는 77년에 개교하여 초대 유병묵 교장과 2대 서정진교장을 거친 학교이나 여러 가지 자금 사정으로 정상적인 운영이 되지 않았을 뿐더러 학생 수도 열 명 남짓에 불과

했다. 내가 학교를 인수해 정식으로 새마을실업학교란 명칭을 얻기까지는 참으로 많은 땀과 열정을 쏟아 부었다. 메리야스 가게에서 나오는 모든 돈은 물론이고 은행 대출까지 내어가면서 학교를 운영하고자 했던 것은 오로지 나처럼 가난으로 인해 배우고 싶어도 배우지 못하는 학생들에게 희망을 주기 위해서였다. 인간이라면 누구에게나 몇 번 찾아온다는 크나큰 선택의 순간에 나는 참으로 현명한 선택을 하였고 후회 없는 결정을 했던 것이다. 그리고....

1989년 10월 16일. 지금의 학교부지에서 나는 신축기공식을 가졌다. 또한 88년 4월부터 사회복지법인 백암한마음봉사회를 설립해 지역영세민들과 아동, 노인들의 복지사업을 전개해 오던 것을 좀 더 구체화시키기 위해 건물의 일부를 사회복지법인시설들이 들어설 수 있도록 하였다.

이것이 내가 그토록 갈망하고 전 재산을 사회에 환원하며 이를 바탕으로 사회복지법인 백암한마음봉사회 까지 다졌다. 당시 많은 신문사에서는 한 시민의 집념이 사화시켰다.

이후 학교가 날로 안정되고 발전하면서 나 또한 나태해 있었으나 여전히 내 심장은 불우한 사람들을 위해 요동치고 있 배움의 기회를 너무나도 갈망하였으나 끝끝내 기회를 놓치고 가슴속에 깊은 배움의 한을 간직한 채 살아가는 사람들이 너무나도 많다는 것을 알게 되었다.

나는 1999년 고교과정에 주부 16명을 모집하여 시범운영을 해 보았다. 전쟁으로 인해 배움의 기회를 잃어버린 분들부터 남녀 간의 평등의식이 부족했던 시대에 살았던 분들 그리고 부모를 일찍 여윈 탓으로 동생 뒷바라지에 매달려야 했던 분들까지 참으로 눈물겨운 사연들이 많았다.

'아 그랬구나! 내가 나이를 먹는 다는 것을 망각하고 오직 배우지 못했던 어린 시절에서 기억이 멈춰 그 또래의 학생들만 생각했던 거구나.'

그랬다. 내가 배우고 싶어도 배우지 못한 시절에 나보다 더 불행하고 나보다 더 간절하게 배움을 원했던 사람들이 있었던 것이다. 지금이라도 그 사람들의 한을 풀어줘야겠다고 생각한 나는 2000년 3월 2일 인천 최초로 만학도를 위한 성인 중·고등반을 개설하고 입학식을 거행하였다. 20대부터 70대까지 저마다의 사연을 가슴에 안고 눈물을 흘리며 학교에 오신 분들을 한 분 한 분 마주하니 나도 모르게 가슴이 뜨거워지고 눈가에 이슬이 맺혔다.

수 십 년의 여정을 돌아 다시 책걸상 앞에 앉은 그 분들의 심정은 그 어떠한 말로도 형 할 수 없는 벅찬 감동이었을 것이다.

그렇게 성인반을 시작한 지 십여 년이 흘렀다. 그 동안 4천여분의 어르신들이 배움의 을 풀었고 아름다운 추억들을 간직한 채 일상으로 돌아가셨다. 기억에 남는 분들이 참 로 많다. 장애를 가진 딸을 휠체어에 태워 함께 등교하여 대학까지 입학한 모녀, 배를 고 학교에 등교했던 부부졸업생, 공부로 암을 이겨내신 분, 이름만 대면 알만한 유명 인 들을 자제로 두신 분들, 지역사회를 이끌어가시는 분들 등 일일이 나열할 수 없을 정 로 훌륭한 분들이 많이 계셨다. 그리고 이 모든 분들의 공통점은 한 결 같이 남인천중 학교를 졸업했다는 것을 자랑스럽게 여기신다는 것이다.

참으로 감사한 일이다. 졸업 즈음에는 성인 학생들을 가르치는 교사들이 오히려 그분들 에게 더 많은 것을 배웠다며 감사해 한다. 이 얼마나 아름다운 광경인가? 성인학생들은 몰랐던 지식을 가르쳐줌에 감사하고 스승은 몸소 체험한 생활 속의 경험과 연륜들을 보여 준 성인학생들에게 감사하며 서로 맞절도 하고 안아주며 눈물을 흘리 이다.

여건이 허락한다면 오래도록 성인학생들을 모집하고 싶다. 세상의 분들이 가난 로 인해 배우지 못했던 한을 풀 때까지 말이다. 그리고 당부의 말도 고 싶다. 어쩔 수 없는 여건들로 인해 배우지 못한 것은 부끄러운 것이 아니라고. 도전하지 않고 포기하는 것이야 말로 진정 부끄러운 일이라고 말이다.

아내와 나는 편하게 살 수 있었다. 가게를 확장하여 큰돈도 모을 수 있었다. 자식들에게 도 좋은 옷 맛있는 음식을 먹여주며 남부럽지 않게 살 수 있었다. 그러나 나는 그러지 않았

사랑하는 자녀들과 함께

다. 가난으로 인해 배우고 싶어도 배울 수 없었던 어린 시절의 수많은 상처와 고통들 을 어느 생면부지의 사람일지라도 겪게 하 고 싶지 않았다. 오로지 그 이유뿐이다.

가난해도 배우고 싶은 사람은 배워야 한 다. 가난해도 노력하는 사람이라면 언젠 가는 성공할 수 있다. 나는 그렇게 믿고 그렇게 실천했을 뿐이다.

3 가족 소개
[사랑하는 나의 아내 이혜숙]

자서전에 서술하였다시피 아내와 나의 인연은 군대시절 친구의 짓궂은 장난으로부터 시작되었다. 모진 가난 속에서도 내색 한 번 하지 않고 나만을 바라봐 준 사람. 아내와의 추억을 생각하면 눈물과 함께 아련함이 가슴을 파고든다. 버거운 삶을 어깨에 동여매고 같은 모양새를 하고 함께 걸어온 아내. 당시 내게 필요한 건 어깨에 짊어진 그 짐을 덜어주는 것이 아니라 함께 걸어줄 사람이 필요했던 것인데 전생에 어떤 끈으로 엮였는지 아내는 정말 내게 딱 어울리는 그런 사람이었다.

다방 밑 처마 밑에서 링컨 책방을 열고 도통 장사가 되질 않아 울상을 지을 때면 그 어디선가 나타나 나를 불러주었던 아내. 그럴 때면 겨우내 얼었던 꽃망울이 터지듯 내 가슴도 녹게 만든 사람이었다. 그 어떤 미사여구를 사용한 것도 아니고 그저 나를 불러준 것 뿐인데……

그런 당신이 곁에 있어서 나는 참 행복합니다.

1973년 5월 아내와의 결혼식(위)
젊은 시절 고마운 아내와 함께(아래)

제주도에서 아내와 즐거운 한 때

제대 후 아내와 다시 찾은 65포병부대에서

3 가족 소개
[장남 윤성필]

내 전부를 주어도 아깝지 않은 장남 성필이 내외. 어린 시절 세상살이가 어렵다는 것을 깨닫게 하기 위해 엄하고 강하게 키우려고 노력했는데 그 노력이 헛되지 않았다.
현재 학교 행정실장으로 근무하며 최선을 다하고 있다. 2006년 아내를 만나 결혼했으며 1남1녀를 두고 있다.

가족 소개
[큰 딸 윤혜진]

큰 딸 혜진이는 이화여대 대학원을 나와 회계사 남편을 만났고 슬하에 1남 1녀를 낳아 행복하게 잘 살고 있다. 혜진이를 보면 어느새 내 딸이 어머니가 되었구나 하는 생각이 들어 감개무량하다. 여자란 젊어 한때 곱고 자신을 돋보이려 애쓰지만 어머니란 영원히 아름다운 존재이고 자신보다 자식을 돋보이게 하고 싶어 한다는 말이 잘 어울리는 큰 딸이다.

3 가족 소개
[작은 딸 윤혜원]

작은 딸 혜원이는 인하대 사회과학부 정치외교학과를 졸업하고 주식회사 청우의 상무로 있는 남편을 만나 1남1녀를 두고 있다. 정직함과 곧고 바름을 강조하며 살아온 작은 딸 혜원이. 앞으로도 시원하고 맑은 사위와 함께 청량감 넘치는 삶을 살기를 바란다.

24

4 사회자 소개
[아나운서 임주완(1946년)]

임주완 아나운서와는 연세대학교 CEO최고경영자과정 '월요일 여쭤보기'에서 만난 절친한 친구이다. 서울에서 태어나 1973년 9월에 MBC문화방송에 입사하였으며, 이듬해 개최된 여러 고교 야구경기의 중계를 시작으로 88 서울 올림픽, 92 바르셀로나 올림픽, 96 애틀란타 올림픽 등의 수많은 스포츠 경기의 캐스터를 담당하였다. 특히 2002년 한일 월드컵 당시 한국과 포르투갈전에서 우리 팀의 패스가 연이어 걸리자 4단 기어를 넣을 때, 그게 말을 잘 안 듣는다며 답답한 심정을 자동차 운전에 빗대어 표현했을 정도로 재치 있고 다재다능한 친구다.

30여년동안 스포츠 아나운서의 길을 걸으며 중계한 종목이 36개에 이르고 경기 수는 셀 수 없을 정도다. 서로 이야기를 나누다보면 그중에서도 축구에 대해 각별한 애정을 가지고 있다고 한다. 여러 가지 면에서 배울 점이 많은 친구고 특히 이번 고희 및 출판기념회 사회 부탁도 단 한 번에 흔쾌히 승낙할 정도로 인연을 소중히 여기는 훌륭한 친구다.

꼼꼼하게 준비한 사회자 멘트로
나를 감동시킨 친구

25

축하 인사말
[새누리당 윤상현 사무총장]

- 바쁜 일정에도 축하영상과 전보를 보내온 윤상현 국회의원 -

안녕하세요? 국회의원 윤상현입니다. 먼저 마음속의 어른이자 선배이신 존경하는 윤국진 교장선생님의 고희연 및 출판기념회를 진심으로 축하드립니다. 저 윤상현 '가난을 유산으로 꿈을 이룬 소년'이라는 윤국진 교장선생님의 자서전을 읽어보았습니다. 정말로 찢어지게 가난하면서도 의지를 잃지 않았던 소년의 삶을 절실히 느꼈습니다. 초근목피의 생을 이어가면서 어떻게 보면 어린아이가 살기 위해 사투를 벌이는 삶이 너무나 가슴 아팠습니다. 그러한 삶속에서도 불굴의 의지로 다시 일어서시는 우리 윤국진 교장선생님. 왜 제가 그분을 따르고 마음속의 어른이자 선배로 모셨는지 이제야 그 이유를 알 것 같습니다.

일찍이 열 세 살의 나이에 상경하여 수많은 고난 속에서도 학업의 끈을 놓지 않았던 우리 윤국진 교장선생님.

구두닦이, 신문배달, 우유배달에 쇼빵장수까지 하시면서도 항상 손에서 책을 놓지 않고 정진한 결과 청룡상회를 현대의류백화점으로 성장시키는 놀라운 결과를 보여 주셨습니다.

27

저 윤상현은 이런 어려움과 또 그 가난 속에서 자신이 느꼈던 모든 것을 담아낸 윤국진 교장선생님의 책 '가난을 유산으로 꿈을 이룬 소년'을 통해서 교육의 중요성, 그리고 사람의 의지가 얼마나 중요한가를 다시 한 번 깨달았습니다.

가난을 유산으로 꿈을 이뤄낸 우리 윤국진 교장선생님. 자신과 같이 배우고 싶어도 배울 수 없는 사람들이 없는 세상을 만들겠다며 현재 다른 이들의 꿈을 이뤄주는 꿈의 메이커로 활동하고 계십니다. 정말로 존경합니다. 윤국진 교장선생님은 남인천중·고등학교를 통해 수많은 인재들을 배출해오셨고 그들이 사회와 소통하며 자기계발을 꾸준히 할 수 있는 그런 교육의 장을 만드신 것입니다. 그 뿐만 아니라 사회봉사활동에도 솔선수범 하시고 헌신하시면서 지역사회 발전에 크게 기여해 오셨습니다.

70세라는 고령의 나이에도 불구하고 그 누구보다도 열정적으로 활동하시며 사회에 귀감이 되고 있는 우리 윤국진 교장선생님의 출판기념회와 고희연을 다시 한 번 진심으로 축하드립니다.

저 윤상현 항상 윤국진 교장선생님 뒤에 있음을 말씀드리면서 거듭 축하의 뜻을 전합니다. 교장선생님 파이팅!!

축하 인사말
[새정치민주연합 신학용 국회의원]

- 일정을 조정하시면서 까지 축하영상 촬영에 응해주신 신학용 국회의원 -

안녕하세요? 국회의원 신학용입니다. 먼저 남인천중고등학교 윤국진교장선생님의 '가난을 유산으로 꿈을 이룬 소년'의 출판 기념회를 진심으로 축하드립니다. 존경하는 윤국진 교장선생님께서는 가난으로 인해 23살이라는 늦은 나이에 공부를 시작하셨으나 그 열정과 신념은 그 누구도 따라올 수가 없었습니다. 인천송도고등학교를 졸업하고 인하대 대학원까지 수료하였지만 윤국진 교장선생님은 배움에 대한 열정을 멈추지 않았습니다.
굳은 신념과 뜨거운 열정으로 고난을 축복으로 바꾼 윤국진 교장선생님의 인생을 담은 자서전 '가난을 유산으로 꿈을 이룬 소년'은 정말 이 시대를 살고 있는 많은 사람들에게 귀감이 되는 책이며 지난 시절 온갖 고생을 다 겪은 사람들에게는 향수를 불러일으키게 하는 책입니다.
저는 윤국진 교장선생님의 출판기념회를 다시 한 번 축하드리면서 이 책이 어려운 역경 속에서 학업을 이어나가는 대한민국의 많은 청년들에게 비타민과 같은 새 희망을 줄 것이라 믿어 의심치 않습니다. 아울러 저는 남인천중고등학교의 명성이 날로 더해지기를 기원하며 앞으로도 계속 남인천중고등학교와 함께 할 것을 약속드립니다. 감사합니다.

6 축하 인사말
[유흥수 은사님]

- 활기차게 축사를 하고 계신 유흥수 은사님 -

먼저 송구스럽습니다. 이렇게 높은 자리에서서 제가 감히 우리 윤국진 교장선생님의 은지와 친지들에게 축하의 말씀을 먼저 전하게 되었으니 말입니다.
저는 우선 '가난을 유산으로 꿈을 이룬 소년'이라고 하는 윤국진 교장선생님의 자서전 13쪽에 있는 한 구절을 읽어보도록 하겠습니다. "구두닦어" "구두닦어" 그 시절 그 목소리를 여기 앉아 계신 제 제자가 한번 읊어주십시오. 그 목소리를 저는 아직도 기억하고 있기에 부탁을 드려봅니다. "구두 닦어" "구두 닦어"
예, 감사합니다.
  그 다음 구절에 보면 "그래도 나는 적은 돈이나마 감사하게 생각하며 악착같이 일을 했다. 배가 고프면 물을 먹고 이틀에 한 끼를 먹어가며 돈을 아끼다 보니 내게도 꿈이 현실이 되는 날이 찾아왔다. 나는 구두를 닦는 손님 중에 평생의 은인이자 스승님을 만날 수 있었다."
  그 스승이 바로 저입니다. 그렇게 배움에 굶주렸던 제자가 지금 이 자리에 있고 지금 배움에 굶주리는 학생들에게 항구적인 배움터를 만들어주겠다며 남인천중고등학교를 설립하셨습니다. 제자이기 전에 인간 대 인간으로서 그 용기와 꿈에 대한 열정에 정말 큰 박수를 보내주고 싶습니다.

현재 남인천중고등학교는 60여분의 선생님과 1700여명의 제자들이 함께 공부하고 있고 그동안 만천여명의 제자들을 양성하여 가정과 사회에 큰 일꾼으로 키워주셨습니다. 이러한 업적을 인정받아 현재 대통령이신 박근혜 대통령이 한나라당 대표시절 학교를 방문하여 좋은 말씀을 해주셨고 또한 한명숙 국무총리도 재임시절 성인학생들의 졸업식에 참석하셔서 격려의 말씀을 아끼지 않았습니다.

윤국진 교장은 정말 대단히 존경할 수밖에 없는 사람입니다. 해방둥이로 태어나 시대의 비극인 6.25전쟁통에 아버지를 여의고 혈혈단신 혼자 힘으로 이 모든 것을 이룩했다는 것에 저는 정말 어떠한 말로도 윤국진 교장을 격려해주어야 할지 모르겠습니다.

고맙습니다. 앞으로도 그 마음 변치 말고 후학들을 위해 열심히 교육 외길을 걸어가 주길 부탁드리며 축사를 마치겠습니다.

감사합니다.

축하 인사말
[김교흥 인천광역시 부시장]

- 고희 및 출판기념회에 참석하여 축하인사말을 하고 있는 김교흥 부시장 -

안녕하세요? 인천시 부시장 김교흥입니다. 먼저 오늘 고희연을 맞이하신 윤자 국자 자 선생님께 진심으로 축하의 말씀을 드립니다. 사실 오늘 송영길 인천시장님께서 오셔서 직접 축하의 말을 전하시려고 했으나 급박한 사정으로 인하여 제가 대신 이 자리에 서서 축하의 말씀을 전하게 됐습니다.

우리 윤국진 교장선생님하고 저하고는 벌써 알고 지낸지가 20년이 넘었습니다. 제가 개 인적으로는 형님으로 모시는 분이기도 하지요. 사실 윤국진 교장선생님께서 정치에 뜻이 있으셨다면 구청장과 국회의원 몇 번은 하셨을 분입니다. 그러나 이렇게 오로지 교육에 뜻을 두시고 교육에만 전념하셔서 어느 새 만천여명의 제자들을 키워내셨으니 정말 이 사 회의 귀감이 아닐 수 없습니다. 특히나 아까 영상으로 보셔서 아시겠지만 책 제목 '가난을 유산으로 꿈을 이룬 소년' 처럼 정말 고생을 많이 하셨더군요. 해방둥이로 태어나셔서 아 버님을 일찍 여의고 어머님과 누님과 살면서 그 어려운 격동의 시절을 눈물 젖은 빵을 먹으면서 사셨지요. 인천에 올라와 구두닦이 신문팔이 우유배달, 빵장수까지 하시면서도 본인의 끊임없는 향학열을 불태우며 결국 오늘의 남인천중고등학교를 만들어내셨습니다. 거기서 멈추지 않고 많은 여전히 자신을 헌신하고 봉사하며 살고계시니 그야말로 제자들에게 또 우리 인천시민들에게 귀감이 되지 않을 수 없었습니다. 정말로 다 시 한 번 윤국진 교장선생님께 감사를 드립니다.

저는 윤국진 선생님이 오늘에 이르기까지는 항상 꿈을 간직하고 절대로 포기하지 않았던 소년의 정신이 있었기 때문이라 생각합니다. 800여 년 전에 몽골이라는 국가가 약 100만 명을 가지고 2억년 이상이 된 유럽제국을 제패할 수 있었던 것이 바로 꿈이 있었기 때문인 것처럼 말입니다.
꿈을 꾸는 사람은 절대 포기하지 않습니다. 저는 윤국진 교장선생님이 살아오신 발자취 하나 하나 흘린 땀방울 하나하나가 그야말로 우리시대의 표상이고 귀감이라고 생각합니다.

그리고 오늘 이렇게 윤국진 교장선생님께서 1남2녀의 다복한 가정을 이루고 또 오늘날까지 올곧게 교육에 매진할 수 있었던 것은 이혜숙여사의 정성어린 뒷바라지 때문이라고 생각합니다. 다시 한 번 단란한 가정의 윤국진 선생님, 그리고 이 지역 사회 은사의 표상이 되신 윤국진 선생님, 그리고 오늘 고희를 맞이해서 앞으로 남은여생을 사회에 봉사하며 살아가실 우리 윤국진 교장선생님의 고희연을 213만 인천시민과 함께 진심으로 축하말씀 드리며 항상 내내 건강하시길 기원합니다. 앞으로 백세를 그리시면서 더욱더 지역사회에 또 인천의 미래발전의 중심에 원동력을 만들어주실 것을 간곡히 부탁드리며 다시 한 번 오늘 고희연과 출판기념회를 진심으로 축하드립니다.
고맙습니다.

작가의 서평
[박한준 서구문화원 원장]

먼저 백암 윤국진 선생님의 고희연을 진심으로 축하드립니다. 또한 고희연과 함께 평생의 발자취가 담긴 뜻 깊은 자서전을 발간하게 된 것을 진심으로 축하드립니다.
저도 자서전을 읽어 보았습니다. 어린 소년이 견디기에는 참으로 모질고 힘들었을 어린 시절의 이야기부터 시작하여 1인 4역을 해가며 굶기를 밥 먹듯이 하면서도 자신의 꿈을 향해 한 걸음 한 걸음 나아가는 소년의 모습을 간결하지만 호소력 있게 써 내려온 글을 보며 참으로 많은 감동을 받았습니다.

또한, 13살 나이에 혈혈단신으로 인천으로 상경하여 모진 가난과 고통을 오로지 배우겠다는 일념하나로 버티며 주경야독으로 학업을 마치고, 결혼 후 속옷과 내복을 파는 청룡상회를 운영하며 하루 두 끼를 라면과 국수로 해결하며 꿈을 향해 전진하는 모습은 이 시대의 많은 사람들에게 귀감이 될 것입니다.
결국 청룡상회를 시작한지 십 년 만에 현대의류백화점으로 변영시키는 놀라운 성과를 거두었으니 인간이 꿈을 가지고 전진하는 것과 꿈이 없이 전진하는 것이 얼마나 차이가 큰지 깨달을 수 있었습니다.

많은 사람들이 옛 추억을 회상하는 것이 노년의 생활이라고 하지만 저마다 추구하는 삶의 가치와 무게는 우리 모두 다를 수밖에 없습니다. 일생동안 해야 할 일에만 얽매였던 삶인지 아니면 정말 자신이 하고자 하는 일에 매진했던 삶인지는 저마다가 추구했던 목표에 따라 그 결과가 달라 질 수 있을 것입니다.
그런 면에서 오늘 고희연을 맞은 백암 윤국진 교장선생님은 자신이 정말 하고자 하는 일에 매진하였고 추구했던 목표와 꿈을 이루었다는 것에 존경을 표합니다.
오늘 윤국진 교장선생님께서 고희연을 맞이하여 자신의 삶의 여정을 한권의 책으로 출간한 것은 현재의 모습을 알리기보다는 그동안 본인이 쌓아온 삶의 과정이 청소년을 비롯한 후학들에게 삶의 지표가 되었으면 하는 바람일 것입니다.
진정한 나눔이라는 것은 자신에게 무엇이 남아서 주는 것이 아니라 부족함에도 불구하고 그것을 나누는 것입니다.

가진 것이 많을수록 오히려 주는 것에 더욱 인색한 세상이지만 나눔을 실천한 윤국진 교장선생님의 '가난을 유산으로 꿈을 이룬 소년'이라는 책이 어렵게 세상을 살아가는 많은 사람들에게 꿈과 희망과 용기를 심어주길 바라며 이상 서평을 마치겠습니다.

8 교장선생님께 보내는 편지
[남인천고등학교 1-10반 나순녀]

우선 평생의 한이었던 배움의 목마름을 해소시켜 주신 제게는 은인 같으신 교장선생님의 고희연과 출판기념회를 진심으로 축하드립니다.

저는 살아오면서 혹시나 내가 배우지 못한 것이 주위 사람들에게 알려 질까봐 작은 일에도 많이 움츠리며 살아왔습니다.
그런 제게 '가난을 유산으로 꿈을 이룬 소년'이라는 책은 제게 눈물과 감동을 안겨주었습니다. 책을 읽으며 제 눈에서 눈물이 멈추지 않고 흘러내린 것은 그 작은 소년이 겪은 고난과 상처투성이의 삶이 남의 이야기가 아닌 제 이야기인 것처럼 느껴졌기 때문입니다.

그렇게도 가난했던 그 소년은 그 가난 속에서도 꿈을 잃지 않고 그 모진 삶속에서도 자신과 같은 처지의 사람들을 위해 희생하는 삶을 살겠다고 다짐하였습니다. 그 가난했던 소년이 바로 배움에 목마른 사람들에게 항구적인 배움의 공간을 만들어주시고 저의 배움의 한을 풀어주신 윤국진 교장선생님이십니다.

저는 윤국진 교장선생님의 은혜에 보답하는 마음으로 최선을 다하는 삶을 살고자 노력하려고 합니다. 비록 젊은 사람들에 비하면 배운 내용을 금방 잊어버리기는 하지만 남인천중·고등학교가 아니었다면 제가 이렇게 배움의 기쁨과 즐거움을 느끼지 못했을 것입니다.
남인천중고등학교로 인해 저는 평생 경험하지 못했을 배움의 즐거움을 매일 매일 느끼며 살아가고 있습니다. 아마도 이런 고마움은 선배님들과 후배님들 모두 매일 느끼고 있을 것이라고 생각합니다. 그리고 이런 훌륭한 학교로 인한 배움의 즐거움을 저를 비롯한 많은 분들께서도 누렸으면 좋겠다는 소망을 가져 봅니다.

존경하는 교장선생님!
저를 비롯한 많은 사람들에게 이런 기쁨을 주셔서 감사합니다. 교장선생님이 항상 건강하시고 늘 행복이 가득하시길 두 손 모아 기도드리겠습니다. 감사합니다.

2014년 4월 16일
고등학교 1학년 10반 나순녀 올림

9 독서감상문 낭독
[남인천고등학교 2-6반 차소영]

'가난을 유산으로 꿈을 이룬 소년을 읽고'.

처음으로 선생님께 이 책을 선물 받았을 때는 내가 이렇게 책에 빠져 들 줄 몰랐습니다. 그저 호기심에 몇 줄 읽었을 뿐인데 나도 모르게 주인공의 삶속으로 빠져들게 되더군요. 그리고 이분이 우리 교장선생님이라는 것을 알았을 때는 많은 충격을 받았습니다.

그동안 저에게 교장선생님이란 그저 학교에서 가장 높으신 분이고 조회 때 훈화 말씀을 해주시고 학교에서 인사를 드리면 반갑게 맞아주시는 분일 뿐이었습니다.
당연히 교장선생님께서 이런 고통과 절망 속에서 어린 시절을 보냈다고는 상상도 하지 않았지요.
사람이 어떻게 이렇게까지 힘들 수가 있는지 너무나 안쓰러웠습니다. 특히 신문을 돌리고 큰 우물가에서 물로 배를 채우기 위해 가시다가 쓰러져 죽을 고비를 넘겼던 부분에서는 저도 모르게 눈물이 흘렀습니다.

'아 죽으면 이런 고통도 없겠지?' '죽으면 배불리 먹을 수 있겠지?' 이 말들이 저보다 어린 소년에게서 나왔다는 것이 너무나 가슴 아팠습니다.
사실 저도 할아버지 할머니와 어렵게 살면서 왜 다른 친구들처럼 많은 것을 갖지 못할까? 왜 나는 이렇게 힘들게 아르바이트를 해야 하나 불평한 적도 많았습니다. 그러나 제 불평은 정말 행복한 불평일 뿐이었다는 것을 책을 통해 절실히 깨닫게 되었습니다.

세상은 참 공평한 것 같습니다. 지난 날 그 고통의 순간들이 교장선생님을 이렇게 훌륭하게 만드셨으니 말입니다.
배우지 못하는 고통, 가난의 고통을 너무나도 잘 알기에 많은 사람들에게 봉사하시며 사시는 모습이 정말 존경스럽고 아름답습니다.
저도 지금의 제 상황을 불평하지 말고 모든 일에 최선을 다해 살아야겠습니다. 힘들고 지쳐 쓰러져도 다시 일어서서 도전할 것입니다. 그러면 언젠가는 저도 제 꿈을 이루고 살겠지요. 끝으로 제 또래의 많은 친구들이 이 책을 읽었으면 좋겠다는 생각이 많이 들었고 우리 교장선생님을 진심으로 존경한다는 말을 하고 싶습니다. 교장선생님 사랑하고 존경합니다.!!!

39

출간기념패 전달

이 날 출판기념회에서는 윤성필(남인천중고등학교 행정실장) 장남이 아버지께 자서전 출간 기념패를 전달하였다. 윤성필 장남은 아버지의 끝없는 열정과 불굴의 도전정신을 존경한다는 인사말을 낭독하였으며 감사의 마음을 담아 출간기념패를 전달하였다. 백암 윤국진 교장내외는 아들의 출간기념패를 전달받고 활짝 웃으며 세상 누구보다 행복한 모습을 보였다.

11 청람 전도진 선생님의 축시 증정

백암 윤국진 교장의 절친한 친구인 청람 전도진(대한민국 미술대전 심사운영위원, 목원대학교 미술대학 겸임교수역임)선생님은 친필로 쓴 축시를 증정하였다. 청람 전도진 선생님은 평북 철산 출생으로 고등학교 2학년때부터 서예를 시작하였다. 1968년 전국신인예술상과 국전특선 3회로 최연소 초대작가, 인천광역시 문화상을 수상한 쟁쟁한 수상실적이 말하듯이 40여년의 세월동안 오로지 서예와 전각의 외길인생을 걸어오신 분이다.

청람 정도진 선생의 축시 증정

청람 정도진 선생과의 기념 촬영

12 기타 축하선물

축하 꽃다발과 소정의 기념품을 전달하는 최우숙 교감선생님

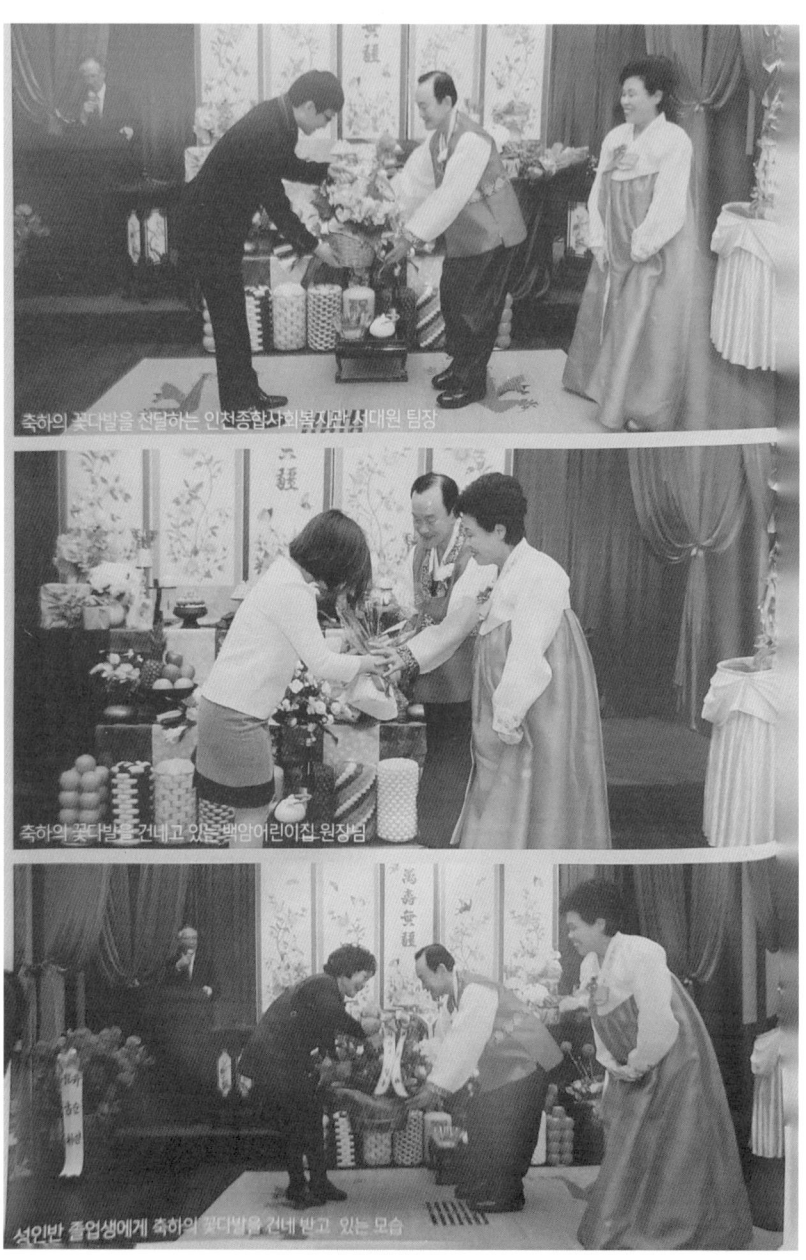

축하의 꽃다발을 전달하는 인천종합사회복지관 서대원 팀장

축하의 꽃다발을 건네고 있는 백암어린이집 원장님

성인반 졸업생에게 축하의 꽃다발을 건네 받고 있는 모습

13 가족대표의 인사

백암 윤국진 교장의 장남 윤성필 행정실장은 바쁘신 가운데도 아버님의 고희연에 참석해주신 분들께 진심으로 감사드린다며 가족을 대표하여 인사말을 하였다.

가족 대표로 인사말을 하고 있는 장남 윤성필

14 | 백암 윤국진 교장의 감사 인사

백암 윤국진 교장은 하객에 대한 감사인사를 통해 어렵고 힘들 때 음으로 양으로 조언과 격려로 준 선배와 후배 그리고 각 시설 직원들에게 깊은 감사의 마음을 표현하였다. 또한 자신에게 큰 힘이 되는 아내와 출판기념회와 고희연을 준비하느라 애 쓴 자식들과 사위들에게도 고마움을 표하였다.

하객들에게 감사 인사말을 하고 있는 모습

제2장
행사의 시작

백암 윤곡진
백암 윤곡진 고희 및 출판기념

헌주, 헌화

축하케이크 점화

축하케이크 커팅

축가(미세스 비비-민재연)

건배제의

축하공연

사랑하는 사람들과 함께

15 | 헌주, 헌화

헌주는 존경하고 감사하는 마음으로 장남내외부터 작은딸까지 순서대로 진행되었으며 손자손녀의 재롱으로 시종일관 화기애애한 분위기가 연출되었다.

헌주를 준비하고 있는 장남의 가족

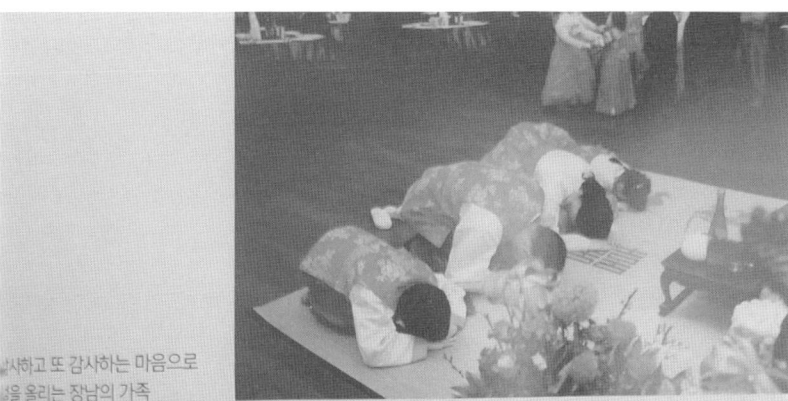

감사하고 또 감사하는 마음으로
잔을 올리는 장남의 가족

헌주를 준비하고 있는 큰 따님의 가족

흐뭇한 마음으로 손자 손녀를 바라보는 모습

고마운 마음으로 절을 올리는 큰 딸의 가족

6 축하케이크 점화

가족모두가 정성어린 마음으로 축하케이크에 점화를 하였으며 청람전도진 선생님과 박한준 문화원장님도 참석하여 함께 점화를 하였다.

모두가 정성어린 마음으로 축하케이크에 점화를 하고 있는 모습

축하케이크 커팅

점화가 끝난 후 케이크 커팅식에서는 손자 손녀들이 저마다 함께 하겠다며 화기애애한 분위기가 어졌고 서구문화원 박한준 원장과 청람 전도진 선생도 함께 커팅식에 참여하였다.

과 함께 축하케이크 커팅을 하고 있는 모습

서구문화원 박한준 원장과 창람 전도진 선생께서 함께 커팅하는 모습

18 건배 제의

마지막으로 하객들에게 건배제의를 한 후 백암 윤국진 교장내외는 서로의 팔을 감싸 안고 다정하게 술잔을 기울였다.

19 축가
[미세스 비비 - 민재연]

축가는 가수 미세스비비(민재연)가 '아름다운 강산'외 1곡을 열창하였다. 미세스비비는 남인천여자고등학교 졸업생으로 평소에도 백암윤국진 교장을 가장 존경한다는 말을 자주 하였으며 이 날 축가무대도 흔쾌히 수락하여 공연이 이루어졌다.

20 축하 공연

축하공연은 성인반 학생들과 청소년반 학생들이 각각 준비하였다. 성인반은 재학생들이 마음껏 목청을 뽐내며 민요를 불렀고 특히 애교 있는 하트 동작으로 하객들에게 웃음을 선사하였다. 청소년 학생들은 걸그룹 못지않은 실력으로 하객들의 탄성을 자아냈다

청소년 학생들이 준비한 축하공연

21 사랑하는 사람들과 함께

남인천실업학교 시절 함께 근무했던 선생님들과 함께

사랑하는 성인 학생들과 함께

사랑하는 성인 학생들과 함께

사랑하는 성인 학생들과 함께

민병국 선생님과 함께

전양수 금전목재 사장님과 함께

사랑하는 사돈 가족들

사랑하는 사돈 가족들

어여쁜 나의 손자 손녀들(왼쪽부터 가현, 현서, 관식, 승모)